ZHONGGUO
ZHISHI CHANQUAN ZHENGQUANHUA
(2020—2021)

中国知识产权证券化

(2020—2021)

鲍新中　吕占江　陈柏强　主编

北京理工大学出版社
BEIJING INSTITUTE OF TECHNOLOGY PRESS

版权专有　侵权必究

图书在版编目（ＣＩＰ）数据

中国知识产权证券化：2020—2021 / 鲍新中，吕占江，陈柏强主编. --北京：北京理工大学出版社，2022.3
ISBN 978-7-5763-1197-6

Ⅰ.①中… Ⅱ.①鲍… ②吕… ③陈… Ⅲ.①知识产权-资产证券化-中国-2020-2021 Ⅳ.①D923.404

中国版本图书馆 CIP 数据核字（2022）第 052649 号

出版发行 /	北京理工大学出版社有限责任公司
社　　址 /	北京市海淀区中关村南大街 5 号
邮　　编 /	100081
电　　话 /	（010）68914775（总编室）
	（010）82562903（教材售后服务热线）
	（010）68944723（其他图书服务热线）
网　　址 /	http://www.bitpress.com.cn
经　　销 /	全国各地新华书店
印　　刷 /	保定市中画美凯印刷有限公司
开　　本 /	710 毫米×1000 毫米　1/16
印　　张 /	11
字　　数 /	170 千字
版　　次 /	2022 年 3 月第 1 版　2022 年 3 月第 1 次印刷
定　　价 /	68.00 元

责任编辑 /	徐　宁
文案编辑 /	徐　宁
责任校对 /	周瑞红
责任印制 /	李志强

图书出现印装质量问题，请拨打售后服务热线，本社负责调换

本书编写组

主　　编	鲍新中　吕占江　陈柏强
副 主 编	徐　鲲　杨　倩　田雪姣　陈柏彤　胡　伟
成　　员	马叶琳　王　静　王晨铭　尹夏楠　田　然
	周子钲　于　娜　赵立莉　曹　莉　谢文静
	潘肇新　顾思雅　刘　畅
编写单位	华智众创（北京）投资管理有限责任公司
	北京联合大学管理学院
	北京理工大学技术转移中心

前　言

　　21世纪以来，全球经济已从工业经济时代逐渐迈向知识经济时代，知识资本因其独有的创新性、垄断性、杠杆效应，以及可持续性等诸多优势而逐渐成为企业获取竞争优势的主要来源。知识产权作为非常重要的一项知识资本，对提高国家竞争力起着很大作用，因此一些国家将知识产权战略列为国家的长期发展战略。在全球范围内，一方面，知识产权是国家发展的战略性核心资源和参与国际竞争的优势来源；另一方面，金融则是现代经济发展的核心关键要素。在知识经济时代背景下，加强知识产权和金融资源的有效融合可以促进知识产权更好地服务于经济社会的发展与创新型国家的建设。利用知识产权融资是知识产权和金融资源有效融合的重要渠道之一，这种融资方式在欧美等发达国家已经相对较成熟和普遍，尤其适用于科技型中小企业，比较典型的是美国的知识产权证券化融资方式以及日本的知识产权质押融资方式，而在中国，知识产权融资还处于起步和探索阶段。

　　知识产权证券化融资和知识产权质押融资是知识产权融资的两种主要模式，知识产权质押融资在我国经历了10多年的发展，在理论和实践上都取得了一定的成果。而作为知识产权融资的另一种主要模式——知识产权证券化融资，在我国的发展刚刚开始引起各界的重视。2015年以前，国内只有几项零星的电影版权或票房收入证券化的探索；2015年以来，我国各级政府对于知识产权证券化的重视程度也越来越高。据统计，截至 2021 年 3 月底，国家层面颁布了 45 项政策文本中都提到了知识产权证券化，其中中央文件 8 项，行政法规 12 项，部门规章 23 项，行业规定和司法解释各 1 项。各级地方政府的各项文件中也越来越多地出现了"尝试和推进知识产权证券化"的要求。在政府大力支持的背景下，自 2018 年 12 月起，我国境内知识产权证券化产品陆续发布。2018 年 12 月，我国首支知识产权证券化标准化产品"文科一期 ABS"在深交所成功获批，该案例被称为实现了我国知识产权证券化的零突破；2018 年 12 月，"奇艺世纪 ABS"实现了知识产权供应链金融证券化零突破；2019 年 9 月，"凯得租赁 ABS"首次尝试了专利许可反授权模式；2019 年 12 月，平安证券－高新投知识产权一期资产支持专项计划首次以知识产权质押贷款债权为基础资产发行证券；2020 年 3 月，浦东科创一期知识产权资产支持专项计划（"疫情防控 ABS"）发行；2020 年 3 月，南山区－中山证券－高新投知识产权一期资产支持计划（"疫情防控 ABS"）发行。我国知识产权证券化产品接踵发布，且呈现多种模式共存的局面，这 6 例规模较大的知识产权证券化案例陆续成功发行，标志着我国知识产权证券化业务进入"快车道"。到 2021 年 12 月底，我国共发行规模较大的知识产权证券化产品 31 例。

在我国知识产权证券化步入"快车道"背景下，华智众创（北京）投资管理有限责任公司、北京联合大学管理学院、北京理工大学技术转移中心结合前期相关理论研究和实践经验，编写本书，对知识产权证券化的背景、发展以及实践进行总结，以期为中国情境下知识产权证券化的未来发展提供参考。

编　者

2021 年 12 月

目 录

第一篇 基础篇

第1章 知识产权证券化的内涵界定 3
- 1.1 知识产权证券化的概念 3
- 1.2 知识产权证券化是资产证券化的内容延伸 4
  - 1.2.1 资产证券化种类 4
  - 1.2.2 常规的企业资产证券化业务 5
  - 1.2.3 小结 8
- 1.3 知识产权证券化是知识产权融资的模式创新 10
  - 1.3.1 利用知识产权进行负债融资 10
  - 1.3.2 利用知识产权进行股权融资 12
  - 1.3.3 小结 13

第2章 知识产权证券化的优势与风险分析 15
- 2.1 知识产权证券化融资的优势 15
- 2.2 知识产权证券化融资的风险 16
  - 2.2.1 将来债权的实现存在待履行性 16
  - 2.2.2 基础资产的可重复利用性 17

        2.2.3 产权范围的不稳定性 ·· 19
        2.2.4 市场价值的不确定性 ·· 20
        2.2.5 知识产权的公共财产性质 ······································ 22

第二篇 背景篇

第 3 章 政策背景 ··· 27
    3.1 国家层面的知识产权证券化相关政策文本分析 ···················· 27
    3.2 地方层面的知识产权证券化相关政策文本分析 ···················· 33
第 4 章 需求分析 ··· 66
    4.1 我国知识产权发展状况 ·· 66
        4.1.1 专利发展状况 ··· 68
        4.1.2 版权发展现状 ··· 78
        4.1.3 商标发展现状 ··· 92
    4.2 科技型中小企业融资需求分析 ······································ 98
        4.2.1 科技型中小企业融资面临的主要问题 ························ 98
        4.2.2 科技型中小企业融资难的原因 ······························ 101

第三篇 发展篇

第 5 章 知识产权证券化的国内外发展 ·································· 107
    5.1 国外知识产权证券化的经验借鉴 ·································· 107
        5.1.1 国外知识产权证券化的发展历程 ···························· 107
        5.1.2 国外知识产权证券化的典型案例 ···························· 114
    5.2 我国知识产权证券化的发展历程 ·································· 119

第四篇 实践篇

第 6 章 典型实践案例 ··· 123
    6.1 文科一期 ABS ·· 128
    6.2 奇艺世纪 ABS ·· 130

6.3 凯得租赁 ABS ··· 131
  6.4 平安证券–高新投知识产权一期 ABS ································· 133
  6.5 浦东科创一期 ABS ·· 134
  6.6 南山区–中山证券–高新投知识产权一期 ABS ······················ 136
  6.7 "粤开–广州开发区金控–生物医药专利许可1–5期资产支持
      专项计划 ··· 137

第7章 中国实践经验总结 ·· 141
  7.1 中国知识产权证券化模式的创新模式总结 ···························· 141
  7.2 关键要素设计总结 ·· 143
    7.2.1 产品定位设计 ··· 144
    7.2.2 基础资产设计 ··· 144
    7.2.3 增信体系设计 ··· 145
    7.2.4 运作机制设计 ··· 145

第五篇 展望篇

第8章 我国知识产权证券化发展面临的挑战和建议 ····························· 149
  8.1 我国知识产权证券化发展面临的挑战 ·································· 149
    8.1.1 知识产权证券化资金需求方的挑战 ····························· 150
    8.1.2 知识产权证券化中介市场方的挑战 ····························· 150
    8.1.3 知识产权制度环境的挑战 ·· 152
    8.1.4 知识产权证券化投资方的挑战 ··································· 153
  8.2 我国知识产权证券化发展的建议 ······································· 154
    8.2.1 政策层面的建议路径 ·· 154
    8.2.2 实施层面的建议路径 ·· 156

结语 ·· 159

参考文献 ·· 161

第一篇 基础篇

第1章 知识产权证券化的内涵界定

1.1 知识产权证券化的概念

证券化是利用资产进行融资的一种方法,具体地说,证券化是指发起人将缺乏流动性但能在未来产生可预见的稳定现金流的资产或资产组合出售给特殊目的机构,由其通过一定的结构安排,分离和重组资产的收益和风险并增强资产的信用,转化成可自由流通的证券,而后销售给投资者获取融资的金融行为。

知识产权证券化(Securitization of Intellectual Property)是证券化融资工具在知识产权领域的应用,是指将知识产权这种具有资产专用性但缺乏流动性的资产,通过证券化操作转换为具有流动性可交易的金融资产,从而可以在资本市场上快速融资的金融行为。知识产权,包括版权、商标权、专利权等,与实物资产不同,存在无形性、价值的不确定性和风险性,在普通交易及融资过程中,信用风险评级往往较高,影响交易及融资规模和进程,证券化不同于转让、许可、质押融资等普通运营方式,证券化过程中的资产重组和风险隔离可有效降低风险等级、提高投资人的信心,具有快速获取大量融资的特点,可为亟需资金的中小企业募集到资金,促进知识产权流转和金融价值最大化。

1.2 知识产权证券化是资产证券化的内容延伸

1.2.1 资产证券化种类

1. 根据资产类别分类

根据证券化的基础资产不同，可以把资产证券化分为不动产证券化、应收账款证券化、信贷资产证券化、未来收益证券化（如高速公路收费）、债券组合证券化等类别。

根据企业所持有资产的形式，企业资产证券化可以分为：① 实体资产证券化，即使企业所拥有的实体资产向证券资产的转换，具体包括实物资产和无形资产为基础发行的证券；② 信贷资产证券化，主要是把企业缺乏流动性但有未来现金流的应收账款等，经过重组形成资产，以此为基础发行证券；③ 证券资产证券化，就是将企业已有的证券或证券组合作为基础资产，再以其现金流或与现金流相关的变量为基础发行证券。

2. 根据资产证券化的地域分类

根据资产证券化发起人、发行人和投资者所属地域不同，可把资产证券化分为境内资产证券化和离岸资产证券化。国内融资方通过在国外的特殊目的机构（Special Purpose Vehicle，SPV）或结构化投资机构（Structured Investment Vehicle，SIV）在国际市场上以资产证券化的方式向国外投资者融资称为离岸资产证券化；融资方通过境内 SPV 在境内市场融资则称为境内资产证券化。

3. 根据证券化产品的金融属性分类

根据证券化产品的金融属性不同，可以分为股权型证券化、债券型证券化和混合型证券化。值得注意的是，尽管资产证券化的历史不长，但相关证券化产品的种类层出不穷，名称也千变万化。最早的证券化产品以商业银行房地产按揭贷款为支持，故称为按揭支持证券（MBS）；随着可供证券化操作的基础产品越来越多，出现了资产支持证券（ABS）的称谓；再后来，由于混合型证券（具有股权和债权性质）越来越多，干脆用 CDO（Collateralized Debt Obligations）概念代指证券化产品,并细分为 CLO、CMO、CBO 等产品。近几年,还采用金融工程方法,利用信用衍生产品构造出合成 CDO。

4. 根据资产证券化模式分类

根据资产证券化模式分类,主要有信贷资产证券化、企业资产证券化、在交易商协会注册发行的资产支持票据 3 种实践模式。信贷资产证券化是将原本不流通的金融资产转换成为可流通资本市场证券的过程。形式、种类很多,其中抵押贷款证券是证券化的最普遍形式,指把欠流动性但有未来现金流的信贷资产(如银行的贷款、企业的应收账款等)经过重组形成资产池,并以此为基础发行证券。从广义上来讲,信贷资产证券化是指以信贷资产作为基础资产的证券化,包括住房抵押贷款、汽车贷款、消费信贷、信用卡账款、企业贷款等信贷资产的证券化;而国家开发银行所讲的信贷资产证券化,是一个狭义的概念,即针对企业贷款的证券化。企业资产证券化是资产证券化是以企业特定资产组合或特定现金流为支持,发行可交易证券的一种融资形式,企业资产证券化仅指狭义的资产证券化。资产支持票据是交易商协会在银行间市场推出的创新产品,推出时间较短,产品整体规模较小。2012 年 8 月,交易商协会推出《银行间债券市场非金融企业资产支持票据指引》(以下简称"资产支持票据指引"),并推出首批 3 家试点资产支持票据项目。根据万得数据库(WIND)数据库的统计,截至 2016 年 8 月 10 日,银行间市场共发行资产支持票据(ABN)产品 51 只,规模总计 181.08 亿元。比起信贷资产证券化和企业资产证券化而言,目前资产支持票据的规模非常有限。

1.2.2 常规的企业资产证券化业务

1. 企业资产证券化概述

企业资产证券化是证券公司以专项资产管理计划(以下简称"专项计划")为特殊目的载体,以计划管理人身份面向投资者发行资产支持受益凭证(以下简称"受益凭证"),按照约定用受托资金购买原始权益人能够产生稳定现金流的基础资产,将该基础资产的收益分配给受益凭证持有人的专项资产管理业务。企业资产证券化是一种以专项计划为载体的企业未来收益权或既有债权证券化的融资方式,是融资方式变革的一个方向。

2. 企业资产证券化内容

企业资产证券化是作为非金融机构的企业将其缺乏流动性但未来能够产生现金流的资产，通过结构性重组和信用增级后真实出售给远离破产的 SPV 或信托后，由 SPV 在金融市场上向投资者发行资产支持证券的一种融资方式。企业资产证券化适用于大型公司或机构类客户的债权类或收益权类资产项目，如水电气资产、路桥港口收费权、融资租赁资产等。毫不夸张地说，该项业务在某种程度上引领了投资银行理论与业务的创新，是解决投融资难题的有效手段，也是企业资金融通的一种好形式。

企业资产证券化产品的市场前景主要取决于两个因素：一是企业的融资需求；二是证券投资者的投资需求。

3. 企业资产证券化参与主体

知识产权证券化产品的发行过程中，涉及各种中介服务机构，包括发起人、发行人、托管人、投资人、信用评级机构、信用增进机构、律师事务所、会计师事务所等，他们通过承担其中的设计、评价、承销、交易等活动赚取服务费收入。市场参与主体的不断增加正在推进资产证券化市场从最初的试点范围向全市场不断扩大，促进产品的不断改进升级。

1）发起人

发起人是资产证券化业务中的资金融入方，也是整个业务的发起者。除了补充资金来源外，金融机构参与信贷资产证券化还有提高资本充足率、化解资本约束、转移风险、增强流动性的考虑；非金融机构参与企业资产证券化则希望同时达到扩展直接渠道、优化财务报表、创新经营方式等目的。根据《信贷资产证券化试点管理办法》的有关规定，信贷资产证券化发起机构是指通过设立特定目的信托转让信贷资产的金融机构。根据《证券公司及基金管理公司子公司资产证券化业务管理规定》的有关规定，企业资产证券化的发起人是指按照规定及约定向专项计划转移其合法拥有的基础资产以获得资金的主体。目前可以开展企业资产证券化业务的主要机构包括：小贷公司、融资租赁公司、商业保理公司、城投公司、产业类公司等机构。阿里小贷、苏宁云商、中信证券、恒丰银行等机构市场占有排名靠前。

2）受托人或计划管理人

受托人或计划管理人是资产证券化项目的主要中介，负责托管基础资产及与之相关的各类权益，对资产实施监督、管理，并作为 SPV 的代表连接发起人与投资者。根据《信贷资产证券化试点管理办法》的有关规定，信贷资产证券化中特定目的信托受托机构是因承诺信托而负责管理特定目的信托财产并发行资产支持证券的机构，受托机构由依法设立的信托投资公司或中国银监会批准的其他机构担任。目前市场占有率超过 5% 的机构包括中信信托、金谷信托、北京信托、上海信托、华润信托、中粮信托和中海信托。根据《证券公司及基金管理公司子公司资产证券化业务管理规定》的有关规定，管理人是指为资产支持证券持有人之利益，对专项计划进行管理及履行其他法定约定职责的证券公司和基金管理公司子公司。目前，市场占有率排名前 5 位的计划管理人分别是恒泰证券股份有限公司、中信证券股份有限公司、广发证券资产管理有限公司、招商证券资产管理有限公司和华泰证券资产管理有限公司。

3）主承销商或推广机构

券商作为计划管理人在整个产品设立、发行、管理过程中承担了更多的工作，作为产品的整体协调人参与其中，负责沟通律师事务所、会计师事务所、评级机构、托管人等各方中介参与机构，同时为产品提供承销和财务顾问服务。而信托机构的角色则更为单一和被动，仅履行托管人义务，很少参与项目的设立和筹备，也不履行项目整体协调义务，在信贷资产证券化产品发行过程中，往往还需要一家牵头券商作为交易协调中介参与其中，更加体现了券商主动管理能力和专业能力的优势。目前，信贷资产证券化的主要承销商包括中信证券、国开证券、招商证券、国泰君安、中信建设、银河证券等。企业资产证券化主要的推广机构包括中信证券、恒泰证券、广发证券、国君资管、招商证券、华泰资管、申万宏源等。

4）评级机构

信用评级是资产证券化过程中的重要环节，专业的评级机构通过收集资料、尽职调查、信用分析、信息披露及后续跟踪，对原始权益人基础资产的信用质量、产品的交易结构、现金流分析与压力测试进行把关，从而为投资者提供重要的参考依据，保护投资者权益，起到信用揭示功能。目前，市场中主要的评级机构包括中诚信国际、联合资信、大公国际、新世纪资信、东方金诚、联合信用等。

5) 律师事务所

律师事务所作为资产证券化发行过程中的重要中介，对发起人及基础资产的法律状况进行评估和调查，对其他项目参与者的权利义务进行明确，拟定交易过程中的相关协议和法律文件，并提示法律风险，提供法律相关建议。律师事务所是资产证券化过程中的法律护航人，确保项目的合法合规。目前，在信贷 ABS 律师事务市场中占主要地位的是中伦律师事务所，其他还有金杜律师事务所、大成律师事务所、浩天信和律师事务所、君合律师事务所。在企业 ABS 律师事务市场中占主要地位的有中伦律师事务所、奋迅律师事务所、大成律师事务所、金杜律师事务所、锦天城律师事务所等。

6) 会计事务所

会计处理工作是资产证券化过程中的重要环节，会计师需要对基础资产财务状况进行尽职调查和现金流分析，提供会计和税务咨询，为特殊目的机构提供审计服务。在产品发行阶段，会计师需要确保入池资产的现金流完整性和信息的准确性，并对现金流模型进行严格的验证，确保产品得以按照设计方案顺利偿付。会计师事务所的选择和产品发起人的关系较大，一般企业开展资产证券化会选择有合作的会计师事务所，更偏向于本土服务商，如中兴财光华会计师事务所、立信会计师事务所、天健会计师事务所、普华永道中天会计师事务所、瑞华会计师事务所，银行则主要选择普华永道中天会计师事务所，德勤华永会计师事务所，毕马威华振会计师事务所，安永华明会计师事务所这四大会计师事务所进行服务。

1.2.3 小结

知识产权证券化是资产证券化的内容延伸。资产证券化的基础资产类型众多，但这些资产的共性特征在于都必须能够带来持续的资金流，如房屋抵押贷款、信贷资产、应付款保函、基础设施收费（如高速公路收益权）、特许经营权收益等。

此外，近年来出现的以专利等知识产权为底层资产的知识产权证券化模式，是传统资产证券化模式的一种延伸模式。

知识产权证券化中 ABS 模式这一以融资为终极目标的流程，须以精巧细致的结构设计来予以保证。基本交易结构由发起人（或原始权益人）、投资人、SPV（私营公司）、资产管理公司、信用评级机构、信用增级机构等主体构成，具体流程如下。

（1）真实出售（True Sale）。企业或发起人真实出售知识产权资产，获得资金，SPV 真实购买知识产权获得证券化的基础资产。

（2）构建资产池。SPV 将金额、地域等分散的知识产权资产组成一个规模足够大的资产组合（资产池），根据资产组合理论，这样能有效地分散市场上的非系统性风险和部分系统性风险，并产生规模报酬递增效应。

（3）信用评级。在证券发行前，SPV 需聘请具有一定知名度和资质的信用评级机构对知识产权资产预期产生现金流的确定性和稳定性进行内部信用评级，确定证券的信用级别。

（4）信用增级。根据信用评级的结果和高新技术企业的融资要求，信用增级机构采用区分优先及次级证券、破产隔离机制、金融担保等信用增级技术，提升证券的信用级别。

（5）销售证券。信用增级后，SPV 将评级结果向投资人公布，并向其销售 ABS，在将发行收入按契约划转给高新技术企业，实现知识产权证券化的融资目标。

（6）资产管理。一般来讲，企业应指定专门的资产管理公司管理由资产池产生的现金收入，并将这些收入全部存入有实力的托管银行的专用收款账户，确保未来的现金收入流首先用于向证券投资者偿付本息。同时，还需要维护原始权益人和 SPV 的利益，防止知识产权价值外溢。

（7）付费。最后企业按照合同规定的期限，将存放在托管银行的资金转入投资者账户和各中介机构账户，偿还投资者本息和支付各中介机构服务费用，剩余部分则为增值收益返还给 SPV，如图 1-1 所示。

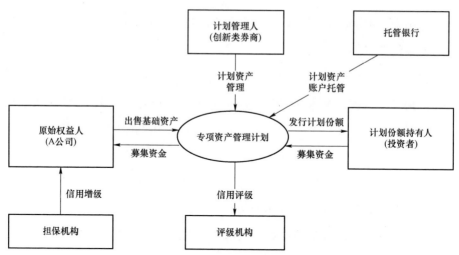

图 1-1　知识产权证券化中 ABS 模式运作流程

1.3　知识产权证券化是知识产权融资的模式创新

由于专利、商标、工业设计、专有技术等知识产权能够在一定时期内帮助创新企业获得一定程度的超额垄断收益,因而企业就可以利用这种优势向债权人或者股权投资者获得融资。具体来说,创新企业利用知识产权进行融资的方式有两大类:一类是利用知识产权开展负债融资;另一类是利用知识产权开展股权融资。

1.3.1　利用知识产权进行负债融资

从国内外实践来看,目前创新企业利用知识产权开展负债融资的形式可以归纳为 4 类,分别是利用知识产权增加企业信用、知识产权质押融资、知识产权售后回租和知识产权证券化。图 1-2 描述了 4 种知识产权负债融资的基本模式。

（1）利用知识产权提高企业信用（Using IP to improve enterprise credit）。根据与金融机构的访谈发现,在面对拥有丰富知识产权的创新企业的贷款申请时,尽管知识产权作为无形资产不一定能够作为抵押品,但是金融机构的贷款决策中往往会考虑到企业拥有的知识产权状况,在一定程度上提高了创新企业的信用等级。这也是我国很多企业申请高新技术企业的重要原因之一,高新技术企业本身在产品销售、贷款、业务谈判等很多时候就能够提高企业的信用等级。

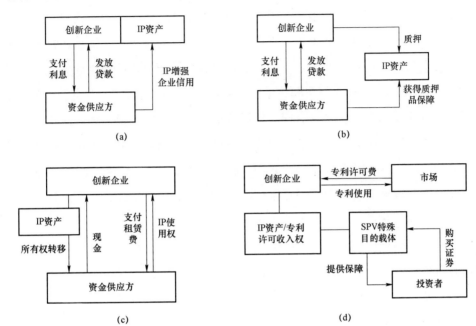

图 1-2　利用知识产权进行负债融资的基本模式
(a) 知识产权增强企业信用；(b) 知识产权质押融资；
(c) 知识产权售后回租；(d) 知识产权证券化

（2）知识产权质押贷款（IP-backed loans）。知识产权资产也可以直接作为质押品向银行获取贷款。目前，知识产权质押贷款在国内外都有很多成功的案例。早在 1994 年，陶氏化学（上海）有限公司（Dow Chemical）就以一个组合专利为质押获取了 100 万美元的银行贷款。出版公司以版权为质押物获取银行贷款的例子也很多。在我国，中国工商银行山西省忻州分行 1999 年办理了我国首笔知识产权质押贷款 200 万元，之后陆续有很多省市开展了知识产权质押融资业务，2008 年 12 月至 2010 年 7 月，国家先后 3 批共确定了 16 个全国知识产权质押融资试点城市。2016 年，国家确定了质押融资的示范单位 11 个，而且发布了青岛市、深圳市、沈阳市、长春市、济南市等 40 个新的质押融资试点单位，进一步扩大了我国知识产权质押融资的范围。

（3）知识产权售后回租。知识产权售后回租是指知识产权（如专利组合）的拥有者（承租人，lessee）可以将知识产权出售给出租人（lessor），然后又在一定时期内将该项知识产权从出租人手中租回，并定期支付一定的租赁费。在租赁期满，承租人通常还拥有从出租人手中购回知识产权的优先权。知识产权售后回租是一种典型的融资租赁业务。有记录的最早的知识产权售后回租业务发生在阿柏林（Aberlyn）资本管理公司和雷蒙德（RhoMed）生物化工公司之间。2015年4月，北京华夏乐章文化传播有限公司以《纳斯尔丁·阿凡提》和《冰川奇缘》两部音乐剧版权为标的物，向北京市文化科技融资租赁股份有限公司成功融资500万元，这是国内首笔以版权为标的物开展融资租赁业务的案例。2017年9月，北京金一文化发展股份有限公司以部分商标权作为标的物采取售后回租方式融资不超过人民币3亿元，租赁期限为3年。

（4）知识产权证券化（IP-backed securities）。知识产权证券化是创新企业将版权等知识产权资产的未来收益权转移到特殊目的机构（SPV），再由特殊目的载体以该资产作为担保，并进行信用增级后发行市场上可以流通的证券，从而为创新型企业进行融资的一种金融操作。新发行证券的风险是与创新企业的自身风险相隔离的，相对来说，风险评级会比较低，在资本市场上更受欢迎。

知识产权证券化最有名的例子发生在1997年，以大卫·鲍伊（David Bowie）音乐专辑版权的未来销售收入为抵押，开发了"鲍伊债券"获得融资5 500万美元。在国内，华侨城及其子公司上海华侨城和北京华侨城以5年内的北京欢乐谷主题公园入园凭证作为基础资产，由中信证券股份有限公司设立专项计划并以专项计划管理人的身份向投资者发行资产支持受益凭证，合计募集资金18.5亿元。2007年，华谊兄弟传媒股份有限公司首先尝试运用电影版权进行融资，通过债券形式面向市场出资5亿元资产，成功帮助公司融集到资金。

1.3.2 利用知识产权进行股权融资

图1-3所示为创新企业利用知识产权进行股权融资的两种主要模式：一种是利用知识产权在吸引股权投资者过程中提高企业估值；另一种是利用知识产权获取许可收入或诉讼收入。

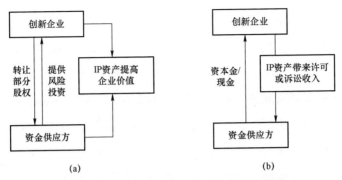

图1-3 利用知识产权开展股权融资的模式
(a) 利用知识产权吸引股权投资；(b) 利用知识产权带来许可或诉讼收入

（1）知识产权在吸引风险投资者过程中提高创新企业估值。在创新企业吸引股权投资的过程中，虽然管理团队能力、技术能力、市场竞争能力等无形资产很难进行价值计量，但是这些无形资产可能会给创新企业在未来带来额外的现金流，从而在吸引投资者的过程中占有更多的优势。而且，在吸引投资者的过程中，知识产权也将有可能提高风险投资者对拟投资创新企业的未来价值评估结果。实际上，创新企业的知识产权情况往往成为风险投资者选择投资标的企业的重要因素。

（2）利用知识产权获取许可收入和诉讼收入。有一些风险投资者在投资拥有很多专利的创新企业时，他们往往不仅仅看重专利在自身企业的应用前景，还关注获得专利后可以获得的许可收入和诉讼收入。例如，美国高智公司（Intellectual Ventures）从发明人手中购买有价值的专利，然后通过许可获取收入。另外有些投资公司在获得专利后不用于生产专门的产品，而是通过获取专利许可收入和诉讼收入作为主要业务，这类企业称为"专利海盗"或"专利流氓"（Patent trolls）。人们对于这类企业有一定的非议，但是这些企业却认为，他们为没有能力对自己的专利进行商业化运作的发明人提供资金，而且把有价值的专利选择出来，进行有效组合，降低了知识产权市场的交易成本。目前，国内的投资公司中，专门从事购买专利后谋求许可收入或诉讼收入的企业尚没有形成规模。

1.3.3 小结

知识产权证券化是知识产权融资的模式创新。在以上知识产权负债融资和知识产权股权融资模式中，知识产权证券化融资和知识产权质押融资是其中最主要的两种模式，知识产权质押融资在我国经历了10多年的发展，在理论和实践上都取得了一定的成果。而作为知识产权融资的另一种主要模式——知识产权证券化融资，在我国的发展刚刚开始引起各界的重视。

知识产权证券化也是知识产权融资的一种创新模式，它以知识产权为底层资产，与传统知识产权融资不同之处在于，其借助金融机构充分发挥了资本市场的杠杆效应，实现企业融通资金的目标。知识产权证券化融资有其独特的优势。

（1）在知识产权证券化过程中，被转移的证券化资产并非知识产权本身，而是知识产权证券化后产生的未来预期收益，因此在获得融资的同时，融资者仍享有该知识产权的自主性，这对于科技型中小企业来讲无疑是非常有利的条件。

（2）相比于其他融资途径，知识产权证券化融资具有融资成本较低但融资杠杆作用较高的特点，知识产权证券化的融资额可以达到其价值的75%。

（3）知识产权证券化具有分散风险的作用。随着科学技术的飞速发展，消费者偏好的改变速度日益加快，由此导致市场竞争加剧，知识产权的价值面临着较高的风险性，而知识产权证券化可以将这些风险分散给众多投资者，起到分散风险的作用。

（4）从国家宏观层面来看，知识产权证券化一方面可以打破传统融资模式的局限性，破解科技型中小企业融资困境，全面促进科技成果的转移转化；另一方面有助于引导金融资本向高新技术企业转移，以此加快传统产业结构的转型升级，对中国经济实现高质量发展具有重要的推动作用。

第 2 章 知识产权证券化的优势与风险分析

2.1 知识产权证券化融资的优势

1. 融资成本低

与传统融资相比资产证券化的融资成本较低。首先,通过设立信用评价机构和各种保障措施,使整个运行环境的安全性提升,在营销中不用花费其他资金去获得资金拥有者的信任;其次,证券化过程中的资金主要来自其本身形成的现金收入,自给自足形成的收益并不会带来太多压力。研究表明,近几年我国商业银行中长期最低贷款年利率为5.31%,企业债券的利息每年为3.5%~5%,而证券化的年收益率为2.3%~4.3%,由此可见,知识产权资产证券化相对于企业其他可选的融资方式而言是一种低成本的融资方式。

2. 实施的难度小

由于企业大多数是中小企业,因而获得商业银行贷款、发行企业债券或上市发行股票的难度都较大,而知识产权资产证券化是以企业拥有知识产权的信用为基础,只要企业所拥有的知识产权能够产生稳定的现金流就可以进行证券化,因而高新技术企业实施知识产权资产证券化的难度相对于其他的融资方式较小。

3. 融资风险小

证券化通过规范的运作流程，内部达到合理、有效的水平，在一定程度上可以大大降低不安全因素。即使是企业面临破产，也不会影响到基础资产和资金拥有者。首先，实施真实销售的理念，在销售过程中启用的是破产隔离模式，把风险转嫁到相对安全且独立的特别目的机构中。其次，破产只是资产发起者单方面会受到影响，基础资产和资金拥有者置身于安全范围内，只有当基础资产存在风险时，资金拥有者才会受到牵连。同时，在实施过程中，还会设立信用评价机构来提高诚信度，在特殊目的机构中重新进行组合和包装，为基础资产的保护提供屏障，可以应对融资中面临的各种问题。

4. 知识产权的权属不变

产权证券化一般是以产权的收益，即未来可产生的一定的现金流为基础进行资产证券化，产权仍归企业所有，因而不会导致企业知识产权的丧失。然而，如果以知识产权为质押进行商业银行贷款，一旦企业无力偿还商业银行贷款，企业的知识产权将被拍卖，会导致所有权的丧失。

2.2 知识产权证券化融资的风险

资产证券化的应用范围不断在扩大，经历了贷款类资产、应收款类资产、收费类资产等。在这些演变触及知识产权领域前，交易的概念或原理有较大相似性，因为所涉及的资产大都是经济活动中自然产生的财产或权利，比较容易被观察和掌握。然而，知识产权在很多方面不同于这些人们习以为常的财产或权利。知识产权是国家主权透过法律手段平衡各种冲突目的而制造出来的一种无形权利，其特性与普通资产相比殊有不同。当传统的证券化操作应用于知识产权这种无形的权利时，将引起一些特殊的风险。

2.2.1 将来债权的实现存在待履行性

知识产权证券化中的参与者主要是知识产权的授权方、被授权方、特设载体和投资人。授权方通常是证券化的发起人,他把将来某一时段中可向被授权方收取的权利金(将来债权)一次性地转让给特设载体,然后由特设载体透过证券化操作,向投资人发行证券。特设载体将来在陆续收到权利金时,便根据约定扣除相关行政开支,余额以证券本息的形式向投资人按证券所记载的条件支付。追本溯源,在知识产权证券化中,支付证券本息的来源,通常就是知识产权授权合同。然而,知识产权授权合同的高度待履行性(executory contract)却成为风险的来源。也就是说,授权方(证券化的发起人)往往必须承担若干合同项下的实质义务,而如果他没有按合同履行,被授权方可以拒绝支付部分授权金。如此一来,特设载体便无法取得原先预期的现金流,也就无法依照约定向证券投资人发放本息。对照来看,以企业贷款或住房按揭为基础的将来债权,其债权的实现通常只是时间因素,并无实质的合同义务等待发起人履行。两者相较之下,凸显出了知识产权证券化的独特风险。

由于知识产权证券化存在这种风险,因而对于产生现金流的基础交易内容必然需要有高于其他资产证券化的揭露要求。以住房按揭证券化为例作比较,其中涉及的基础交易是银行与业主间的贷款协议。在证券化进行时,银行方已经发放贷款,因此即使不揭露贷款协议的内容,投资人也能够理解银行所享有请求权的本质。然而,由于知识产权授权合同的待履行性,如果不充分揭露发起人(授权方)在合同项下的义务和履行的能力,投资人将无法真实评断证券所蕴含的风险。基于此原因,发起人应该被要求对授权合同的待履行性做出说明,包括发起人所需履行的义务、履行计划和手段以及用于履行的资源配置等。此外,发起人应对其履行的状况进行持续披露,而具体的披露程度可以按比例原则,视发起人所期待的履行程度大小而定。

2.2.2 基础资产的可重复利用性

知识产权的可重复授权性是异于其他被证券化资产的重要特性。知识产权在每次授权中,都可以产生新的合同债权。这种可无限重复利用的性质,一方面是知识产权的潜力所在;另一方面,也产生了其他资产证券化所没有的风险。假设发起人在证券化交易后对新的被授权方进行授权,虽然发起人可因此得到新的收益，但却可能因被授权人总数的增加而使原被授权方面临竞争，甚至收益下降。由于授权金的计算一般都与被授权方的收益挂钩，因此原被授权方的收益下降，将导致流入特设载体收取的现金流减少，最终影响对投资人的本息收益。注意到这种可重复授权性，在特定的条件下也可能为证券化的参与者带来利益。以信贷资产证券化为例作比较，如果信用贷款的某一个债务人发生违约，则这笔应收账款可能无法回收，因而将使证券化的现金流减少。但是，在知识产权证券化中，如果出现类似的违约事件，由于无形资产不存在被消耗或用尽的情况，所以知识产权可为新的被授权方利用，从而能产生新收益来补充现金流。例如，在美国知名运动服装品牌 The Athlete's Foot 的商标权证券化案例中，发起人以商标授权合同和加盟合同产生的权利金进行证券化。证券发行后，一家主要的加盟商（被授权方）意外破产，但这个意外却未影响到投资人利益。其原因就是该破产加盟商所经营的门市店，在很短时间内就被新经营者接手，而根据证券化交易各方的约定，新经营者很快就得到加盟授权，因而有新的现金流产生，弥补了因该主要加盟商破产所造成的收入减少。

此外，知识产权在不同权利人间具有可分割性。这种性质与前述的重复利用性有所相似，都是源于知识产权的无实体性本质。但是也有所不同，因为分割的结果可以使一个以上的权利主体对同一知识产品分享利益，而同时各主体间的地位彼此独立，权利互不干涉。例如，著作权中的发行权、复制权或表演权可以分属于不同人，或者分属于国内外的两方。这种对权利范围的划分，可以简单地由授权合同决定，合同如何描述，就可能产生出什么样的权利来。在证券化交易案例中，常见到这种切割操作。例如，在知名的 Chrysalis 音乐著作证券化案例中，发行人只取得著作权中的发行权，但其可以将这项权利将来产生的收益进行证券化。另外，在 DreamWorks 电影著作权证券化的案例中，发行人将其国内戏院与电视频道的收益权保留，而将其他的著作财产权切割出去进行证券化。这种可分割性固然为证券化交易带来弹性，却同时也带来风险。正是因为这种权利的分割可以由合同简单地达成，因此不容易被非合同方所察觉。如此一来，一旦分割出来的权利彼此重叠、矛盾或混乱，甚至导致必须通过诉讼解决，那么尽管证券化中的投资人最终取得胜利，证券价格的波动已足以使投资人的权益受损，并且危害了经济稳定。这种风险的形成，主要是由于授权合同的存在不为合同外的第三方察觉，这可能是因为非合同方不够谨慎，受到故意欺瞒，也可能是未进行合理的调查而造成的。考虑这些原因在权利主张上的有效性，其实就是进入了权利登记公示制度的运作范围。如果有一套清晰有效率的登记制度，可以明确地依照登记的先后范围来决定权利冲突人在对抗过程中的优先性，而这种对抗的过程对经济稳定产生的不利影响便能够得到控制。

解决这些风险最直接的措施，就是必须使知识产权的权利变化相对容易地为人所知，而这就牵涉到登记公示制度的设计。美国在知识产权证券化的实践中，发现到这个问题的重要性，因而开始探索知识产权一元化登记制度。也就是利用信息技术，将涉及知识产权权利转让、担保、授权的各种交易登记公示信息整合起来，成为供大众网上查询的登记系统。由于信息技术的进步，构建这种高效率的登记查询系统变得切实可行。从前为了取得一项信息，必须跋山涉水，到达信息材料的保存处，在实体的文件中搜寻，登记或搜寻需要很大的经济成本，因而使得这种解决路径缺乏可行性。而现在信息科技的进步已能实现在弹指之间穿越空间，去读取大量的数据信息，因而成本的问题得到合理控制。固然，这种登记有可能对知识产权的权利行使产生某种程度的不便，但这种登记揭露要求可以选择性适用，例如仅对拟进行证券化或已被证券化的知识产权实施。

2.2.3 产权范围的不稳定性

知识产权权利的本质是基于国家权力的作用，赋予个体在某种知识产品上的独占权利。换言之，知识产权的存在是法律运作下的人为行政结果，而不是在经济活动中自然出现的。知识产权原始权利的取得以及权利范围的界定，势必有人为行政的参与。然而，人为的行政不可避免地受到知识、经验与资源的限制，可能出现疏失。所以，不论是审查程序还是审查程序外的司法程序，随时都可能造成知识产权权利范围的变化或消灭。而一旦出现这种情况，由其产生的现金流便受到影响，甚至可能消失，证券投资人便无法获得预期的本息偿付。

在其他资产证券化交易中，对于这类的权利瑕疵风险，一般是透过律师和会计师的尽职调查来掌握。然而，这种做法在知识产权证券化中有所局限。就知识产权而言，侵权或无效案件的判断具有高度专业性，也常有模糊地带，因此在技术上很难通过一般法律来进行尽职调查和有效辨明。即使有相关领域的专家协助，有时也未必能绝对确定权利的范围。

如在专利申请案中，权利要求书（claims）的字句通常是申请人与审查人斟酌、协商的结果。基于人类智慧的限制，古往今来，这种协商不可能穷尽，因而即使专利权证书已经颁发，权利人也无法排除其被授予的权利与其他专利有所重叠，以及因此而受到挑战的可能。在商标注册制度的实践中，也存在类似的问题。这说明了知识产权权利范围的界定，在很多情况下属于知识产权制度下的问题，必须借助司法制度来完成。

在诉讼还没有真正来到时，没有人能够保证知识产权是完整无瑕的。然而，不论这种风险大小如何，只要证券化的当事人能将风险情境进行归类，就有可能透过协议来分担风险。例如，交易当事人可以规定在权利出现瑕疵时各方所应担负的责任和享有的权利，如请求损害赔偿权、降低价金、解除合同、请求继续履行、请求违约金、中止支付价款，或是以各种形态对于责任或权利加重或免除责任等。而这种协议约定，必须以清晰的民商法框架为基础，这样各方才能确知对于风险分配的约定，具有法律效果的可预见性。其实这种风险的本质是属于知识产权制度的内涵风险，它伴随着制度而存在，因而难以透过制度内的调整或合同安排完全消除。然而，要消除的风险却可以转嫁给合同外的第三方。这就如同搭乘交通工具，人们总想得到出行的便利，但交通意外却不可能根本地消除，因此人们通过购买保险将意外发生时的经济风险转嫁给肇事人和受害人以外的第三方。循着这种思路，欧美在实践中已经逐步探索出知识产权保险这种险种。

2.2.4 市场价值的不确定性

知识产权及其衍生权利的价值，受到消费者、市场条件和替代品等因素的影响极大，因此市场的价值可能在很短的时间内产生变化。例如，当大众口味发生改变，受人欢迎的著作可能逐渐变得无人问津；某一项技术在较佳的替代性技术出现后，可能会很快地从市场上消失。这种市场价值的不确定性，其实是以上几种特质在经济活动中透过市场机制而表现出来的外在现象。例如，知识产权的权利产生是基于政府行政的结果，所以其存在和范围有不确定性，而一旦出现挑战，则价格就会滑落。又如，知识产权价值的实现来自不同主体间透过授权或权利切割进行分工而形成的产业链条，在此链条中，一旦某个主体发生变化，供需的变化将会影响链条上各类产品的价值。这种市场价值的不确定性，自然局限了知识产权证券化的发展。然而在实践中，人们也摸索出了针对个别知识产权所适用的回应措施。例如，在电影著作权证券化中，银行家从过去的经验观察到，电影上映第一周的票房收入，与电影最终所能产生的总创收具有高度相关性，因而可以借此相对准确地预测将其证券化的估值。可以说，这种解决方案是个案式的，并没有适用于所有知识产权的标准方案。然而对个别的标的而言，只要合理的方案被找到，则证券化成功的机会便大大增加。

价值难以确定的原因除了市场因素，还可能来自知识产权权利人（一般就是证券化中的发起人）本身。被授权人向发起人取得授权的原因，除了知识产权本身外，通常还因为考虑到发起人本身的市场规模、经营团队组成以及其所能掌控的相关资源。纵然某一项知识产权可以从授权中产生庞大的现金流，但该知识产权与发起人隔离拍卖时，其将脱离发起人所掌握的资源，因而能够变现的价值可能相当有限。根据国外学者的统计，这些因素综合作用的结果是，知识产权在破产清算程序中的价值将急速下降，每月降幅可达 2%~5%，远远高于土地或其他实体资产。面对这种风险，有效率的破产程序可以减少知识产权在程序中的价值减损，这有赖于破产法框架的合理构建，也包括了考虑透过特别法的方式，来规范破产程序中适用于知识产权处置的例外规则。至于知识产权市场价值的发现，则有赖于专业团队与畅旺的交易市集来达成。以美国为例，由于上述知识产权在拍卖时快速贬值的特性，实务界认识到速度是知识产权变现的关键，致力于打造一套以各种专业人员紧密合作为基础的作业流程，借以缩短知识产权变现的时间。检视我国在这方面的现状，可以发现我国在交易市集的构建已经初具成效。然而，现有的产权交易市集仍侧重技术交易，对著作权和其他类别的知识产权仍处在探索阶段。相较于交易市集的建设，我国在中介机构和专业人员方面则较为缺乏。特别是市场上还较少有跨领域、跨学科的人才与团队来提供财务、技术与法律的整合性服务，这是有待努力的方向。

2.2.5 知识产权的公共财产性质

具有高度应用性的知识产权，可能成为产业发展的重要支柱，能够产生巨大产值。从社会整体的利益而言，某些知识产权消极的影响不容忽视，特别是核心的工业技术、维持民生健康的药品专利，或是源远流长的民族品牌等。由于知识产权具有这种公共财产的特性，因此知识产权证券化必须要考虑到交易的外部性。

此外，从融资的效果来看，其他资产证券化影响到相对少数的市场参与者；而知识产权证券化却能影响不特定的社会多数市场参与者。知识产权证券化可以比喻为一种制度机器，因为杠杆效果的存在，制度使用者的影响力得到扩大。不同于其他证券化中的有形资产，知识产权可以不断被重复使用，这种特质或可比喻为智能之火，只要提供良好的环境和资金作为燃料，就可以不断地燃烧扩大。正面可以推动生产，造福于民；反面却也能毁灭财产，造成损失。如果发起人将这种融资方式用于有害社会安定、秩序或是存有争议的知识产品，则知识产权证券化便成为一种扩大道德风险的制度。上述的杠杆效果，将使在知识产权制度下利害冲突的平衡点被改变。也就是说，知识产权制度规定的审查、权利授予或权利行使的合法界限固然是以公共利益为依归，但是一项受到法律承认的知识产品，经过证券化制度的放大效果后，造成的社会成本却可能变得不可忽视。以网络游戏为例，日本已经将证券化应用在游戏软件的开发上。一款游戏的制作成本往往需要上亿元资金，制作过程中带动周边产业发展的效应也极其明显。当网络游戏完成后，内涵的故事情节、人物造型以及程序编写受到著作权法或计算机软件保护法的保护毋庸置疑。当这款游戏席卷上千万网民的注意，甚至使众多的在校青年过渡沉迷时，这便成了一个具有争议性的问题。对此有人主张，在校青年过分沉迷于计算机游戏是一种社会问题，应该控制；相对地有人主张开发此类游戏能够提升信息产业技术水准，应该予以鼓励。无论如何，这正是知识产权证券化一个具有争议的应用。从发起人乃至参与证券化交易各方来看，作为一个"经济人"，并不需要去考虑为此类应用可能付出的社会成本，而事实上这种成本也很难纳入财务的测算中。这种风险由于具有外部性，因此必须有公权力的中间人来调节。相应的监管机构应该在证券化交易前，对于相关知识产权的本质要有一定程度的揭露，如此则便能以有限的行政资源，发挥调节风险的作用。当然，这种自律团体监管在理论上存有正反两种观点的争议，不过在实务上作为政府监管的补充，则是一种务实而折中的做法。

第二篇 背景篇

第 3 章 政策背景

3.1 国家层面的知识产权证券化相关政策文本分析

2015 年以来，我国各级部门在各类文件中越来越多地提到"推广和尝试知识产权证券化业务"。截至 2021 年 8 月底，国家层面跟知识产权证券化相关的政策文本共 46 项。其中党内法规 9 项，行政法规 12 项，部门规章 23 项，行业规定和司法解释各 1 项。具体统计结果见表 3-1。

表 3-1 国家层面的知识产权证券化相关政策文本统计

序号	效力级别	文件名称	发布日期	相关条款描述
1	中央文件	中共中央 国务院印发《海南自由贸易港建设总体方案》	2020.6	建设海南国际知识产权交易所，在知识产权转让、运用和税收政策等方面开展制度创新，规范探索知识产权证券化
2		中共中央 国务院关于构建更加完善的要素市场化配置体制机制的意见	2020.4	积极探索通过天使投资、创业投资、知识产权证券化、科技保险等方式推动科技成果资本化
3		中共中央 国务院关于支持深圳建设中国特色社会主义先行示范区的意见	2019.8	探索知识产权证券化，规范有序建设知识产权和科技成果产权交易中心

续表

序号	效力级别	文件名称	发布日期	相关条款描述
4	中央文件	中共中央、国务院印发《粤港澳大湾区发展规划纲要》	2019.2	开展知识产权证券化试点
5		中共中央 国务院关于支持河北雄安新区全面深化改革和扩大开放的指导意见	2019.1	支持在雄安新区探索推广知识产权证券化等新型金融产品
6		中共中央 国务院关于支持海南全面深化改革开放的指导意见	2018.4	鼓励探索知识产权证券化,完善知识产权信用担保机制
7		深化科技体制改革实施方案	2015.9	推动修订相关法律法规,开展知识产权证券化试点
8		中共中央 国务院关于深化体制机制改革加快实施创新驱动发展战略的若干意见	2015.3	推动修订相关法律法规,探索开展知识产权证券化业务
9	行政法规	国务院印发《关于推进自由贸易试验区贸易投资便利化改革创新若干措施的通知》	2021.8	以产业链条或产业集群高价值专利组合为基础,构建底层知识产权资产,在知识产权已确权并能产生稳定现金流的前提下,在符合条件的自贸试验区规范探索知识产权证券化模式。
10		国务院关于印发北京、湖南、安徽自由贸易试验区总体方案及浙江自由贸易试验区扩展区域方案的通知	2020.8	设立知识产权交易中心,审慎规范探索开展知识产权证券化
11		国务院关于做好自由贸易试验区第六批改革试点经验复制推广工作的通知	2020.6	金融开放创新领域:"保理公司接入央行企业征信系统""分布式共享模式实现'银政互通'""绿色债务融资工具创新""知识产权证券化"等4项
12		国务院《关于全面推进北京市服务业扩大开放综合试点工作方案的批复》	2019.1	探索知识产权证券化
13		国务院关于支持自由贸易试验区深化改革创新若干措施的通知	2018.11	支持在有条件的自贸试验区开展知识产权证券化试点
14		国务院关于印发中国(海南)自由贸易试验区总体方案的通知	2018.9	鼓励探索知识产权证券化,完善知识产权交易体系与交易机制

续表

序号	效力级别	文件名称	发布日期	相关条款描述
15	行政法规	国务院关于印发进一步深化中国（天津）自由贸易试验区改革开放方案的通知	2018.5	探索知识产权证券化业务
16		国务院关于印发国家技术转移体系建设方案的通知	2017.9	开展知识产权证券化融资试点，鼓励商业银行开展知识产权质押贷款业务
17		国务院关于印发"十三五"国家知识产权保护和运用规划的通知	2016.12	探索开展知识产权证券化和信托业务，支持以知识产权出资入股，在依法合规的前提下开展互联网知识产权金融服务
18		国务院办公厅印发《国务院关于新形势下加快知识产权强国建设的若干意见》重点任务分工方案的通知	2016.7	创新知识产权投融资产品，探索知识产权证券化，完善知识产权信用担保机制，推动发展投贷联动、投保联动、投债联动等新模式
19		国务院关于印发"十三五"国家科技创新规划的通知	2016.7	推进知识产权证券化试点和股权众筹融资试点，探索和规范发展服务创新的互联网金融
20		国务院关于印发上海系统推进全面创新改革试验加快建设具有全球影响力科技创新中心方案的通知	2016.4	严格按照国家规定，探索开展知识产权证券化业务
21		国务院印发关于新形势下加快知识产权强国建设的若干意见	2015.12	创新知识产权投融资产品，探索知识产权证券化，完善知识产权信用担保机制，推动发展投贷联动、投保联动、投债联动等新模式
22	部门规章	国家知识产权局办公室关于申报2021年度课题研究项目的通知	2021.3	知识产权证券化问题研究
23		关于支持民营企业加快改革发展与转型升级的实施意见	2020.10	规范探索知识产权证券化，推动知识产权融资产品创新
24		科技部 深圳市人民政府关于印发《中国特色社会主义先行示范区科技创新行动方案》的通知	2020.7	支持深圳开展知识产权证券化试点

续表

序号	效力级别	文件名称	发布日期	相关条款描述
25	部门规章	国务院服务贸易发展部际联席会议办公室关于印发深化服务贸易创新发展试点经验和第二批"最佳实践案例"的函	2020.7	"港澳服务提供者在内地独立举办经济技术展会便利举措""知识产权证券化融资模式"等2项拟在全国复制推广
26		科技部办公厅关于加快推动国家科技成果转移转化示范区建设发展的通知	2020.6	探索知识产权证券化,有序建设知识产权和科技成果产权交易中心,完善科技成果转化公开交易与监管机制
27		国务院知识产权战略实施工作部际联席会议办公室关于印发《2020年深入实施国家知识产权战略加快建设知识产权强国推进计划》的通知	2020.5	加快推进知识产权证券化试点,推动上海、深圳证券交易所等相关单位开展知识产权证券化工作
28		关于做好2020年知识产权运营服务体系建设工作的通知	2020.4	推动发行知识产权证券化产品1单以上,促进高价值专利组合融资
29		国家知识产权局关于印发《推动知识产权高质量发展年度工作指引（2020）》的通知	2020.4	加快推进知识产权证券化试点
30		国家知识产权局印发《关于深化知识产权领域"放管服"改革营造良好营商环境的实施意见》的通知	2020.1	扩大知识产权金融服务范围,联合相关部门建立合作机制,引导银行业提供信贷支持,推动多类型知识产权混合质押,鼓励开发知识产权综合险种,加快推进知识产权证券化试点
31		《中国区域金融运行报告（2019）》	2019.7	实现中国知识产权证券化零的突破,也是海南省积极探索知识产权证券化的关键一步
32		国家知识产权局关于印发《推动知识产权高质量发展年度工作指引（2019）》的通知	2019.6	扩大知识产权金融服务范围,推动专利商标混合质押,鼓励开发知识产权综合险种,加快推进知识产权证券化试点
33		财政部办公厅 国家知识产权局办公室关于开展2019年知识产权运营服务体系建设工作的通知	2019.5	积极推进知识产权证券化工作

续表

序号	效力级别	文件名称	发布日期	相关条款描述
34		国务院知识产权战略实施工作部际联席会议办公室关于总结 2018 年地方战略实施工作编制 2019 年工作要点的通知	2018.12	创新知识产权投融资产品,探索知识产权证券化,完善知识产权信用担保机制
35		《2018 年深入实施国家知识产权战略 加快建设知识产权强国推进计划》	2018.11	探索开展知识产权证券化业务
36		关于政协十三届全国委员会第一次会议第 3379 号(科学技术类 159 号)提案答复的函	2018.8	积极探索知识产权证券化发展
37		科技部、国家发展改革委、教育部等关于印发《振兴东北科技成果转移转化专项行动实施方案的通知》	2018.1	开展知识产权证券化融资试点,鼓励商业银行开展知识产权质押贷款业务
38	部门规章	国务院知识产权战略实施工作部际联席会议办公室关于印发"十三五"国家知识产权保护和运用规划重点任务分工方案》的通知	2017.8	探索知识产权证券化,完善知识产权信用担保机制,推动发展投贷联动、投保联动、投债联动等新模式
39		关于 2016 年度软科学研究项目立项的通知	2016.8	知识产权证券化交易配套制度研究
40		国家知识产权局办公室关于组织申报 2016 年全国专利事业发展战略推进工作创新项目的通知	2016.3	创新知识产权投融资产品,探索知识产权证券化、资本化运作模式
41		国家知识产权局关于实施专利导航试点工程的通知	2013.4	推进知识产权证券化进程,支持骨干企业进行债券融资
42		国家知识产权局办公室关于印发《2013 年全国知识产权人才工作要点》的通知	2013.2	知识产权投融资培训班:知识产权质押融资、知识产权证券化重点企业
43		知识产权局、发展改革委、科技部、农业部、商务部、工商总局、质检总局、版权局、林业局关于印发《关于加快培育和发展知识产权服务业的指导意见》的通知	2012.11	培育发展知识产权证券化、知识产权保险、知识产权经营等新兴模式

续表

序号	效力级别	文件名称	发布日期	相关条款描述
44	部门规章	国家知识产权局办公室关于开展2012年度知识产权服务业统计调查工作的通知	2012.9	统计调查范围包括知识产权评估服务、知识产权交易服务、知识产权转化服务、知识产权投融资服务、知识产权证券化服务、知识产权保险服务、知识产权担保服务以及其他知识产权商用化服务
45	行业规定	《中华全国律师协会知识产权尽职调查操作指引》	2017.11	不同项目中涉及不同导向型的目标公司（包括但不限于品牌导向型、技术导向型、文娱导向型及综合型等）在知识产权权利客体的比重上差异较大，不同的项目背景（包括但不限于并购重组、上市、海外投资、知识产权证券化等）导致的知识产权尽职调查内容及方向的差异也较大
46	司法解释	最高人民法院关于为海南全面深化改革开放提供司法服务和保障的意见	2018.8	依法审理涉及知识产权证券化、知识产权信用担保、竞猜型体育彩票和大型国际赛事即开彩票等新类型案件，为自由贸易试验区和自由贸易港改革创新提供优质、高效的司法服务

2015年3月，中共中央、国务院印发《关于深化体制机制改革加快实施创新驱动发展战略的若干意见》，其中提到要"推动修订相关法律法规，探索开展知识产权证券化业务"，随后的《深化科技体制改革实施方案》《关于支持海南全面深化改革开放的指导意见》《关于支持河北雄安新区全面深化改革和扩大开放的指导意见》以及印发《粤港澳大湾区发展规划纲要》、支持深圳建设中国特色社会主义先行示范区的意见中都提到要鼓励探索或者开展知识产权证券化业务。

2015年12月，国务院《关于新形势下加快知识产权强国建设的若干意见》中提道："创新知识产权投融资产品，探索知识产权证券化，完善知识产权信用担保机制，推动发展投贷联动、投保联动、投债联动等新模式"。随后，在国务院陆续发布的《"十三五"国家科技创新规划》《国务院关于新形势下加快知识产权强国建设的若干意见》《"十三五"国家知识产权保护和运用规划》《国家技术转移体系建设方案》等文件中都用到了"探索开展知识产权证券化业务"的提法，而在国务院关于印发《进一步深化中国（天津）自由贸易试验区改革开放方案》的通知、国务院关于印发《中国（海南）自由贸易试验区总体方案》的通知以及国务院批复《全面推进北京市服务业扩大开放综合试点工作方案》中，也都明确提到了"探索开展知识产权证券化和信托业务"。在相关的党内法规中，也都提到了探索和推进知识产权证券化的要求。

为了适应中共中央、国务院的相关文件要求，国家知识产权局、财政部办公厅、科学技术部、教育部、国家发展和改革委员会等部门也都陆续出台了相关的部门规章制度，促进知识产权证券化业务的开展。而2017年11月中华全国律师协会《知识产权尽职调查操作指引》和2018年8月最高人民法院《关于为海南全面深化改革开放提供司法服务和保障的意见》中对知识产权证券化的相关规定也为业务的推广创造了很好的环境条件。

3.2 地方层面的知识产权证券化相关政策文本分析

与国家的相关文件相呼应，各地政府也在各种文件中提到"探索与推广知识产权证券化业务"。从2015年到2021年3月底，共有28个省、直辖市和自治区共出台了256项，其中省、市、经济特区地方性法规11项，地方规范性文件92项，地方工作文件153项。按省、市、区域统计的知识产权证券化相关政策文本数量见表3-2。

表3-2 地方层面知识产权证券化相关政策文本统计

省、市、区	文件数量/项	省、市、区	文件数量/项	省、市、区	文件数量/项
广东省	65	河南省	8	安徽省	4
江苏省	19	吉林省	8	云南省	3
山东省	18	福建省	7	内蒙古自治区	2
湖北省	17	上海市	6	广西壮族自治区	2
北京市	12	辽宁省	6	青海省	1
甘肃省	11	重庆市	6	黑龙江省	1
浙江省	11	海南省	6	宁夏回族自治区	1
河北省	11	江西省	5	新疆维吾尔自治区	1
陕西省	9	四川省	4		
天津市	10	湖南省	4		

这里以北京市为例,进一步分析有关知识产权证券化相关政策文件。2015年以来,北京市共出台相关政策文件12项,其中地方规范性文件6项,地方性工作文件6项,见表3-3。

表3-3 北京市知识产权证券化相关政策文件统计

序号	效力级别	文件名称	发布日期	相关条款描述
1	地方规范性文件	中关村科技园区管理委员会 中国人民银行营业管理部 中国银行保险监督管理委员会北京监管局 北京市知识产权局印发《关于进一步促进中关村知识产权质押融资发展的若干措施》的通知	2019.10	支持知识产权专业机构为科创企业提供知识产权证券化服务,将知识产权进行集中打包等方式在资本市场发行证券进行融资
2		中关村科技园区管理委员会关于印发《中关村国家自主创新示范区促进科技金融深度融合创新发展支持资金管理办法实施细则(试行)》的通知	2019.2	支持符合条件的机构作为发债主体,为企业提供知识产权证券化融资服务,并承担发债差额补足义务
3		中关村科技园区管理委员会关于印发《中关村国家自主创新示范区促进科技金融深度融合创新发展支持资金管理办法》的通知	2019.2	支持符合条件的机构为企业提供知识产权证券化融资服务,按照机构年度发债规模的1%给予其机构风险补贴支持,单家机构年度补贴金额不超过500万元
4		北京市人民政府办公厅印发《关于深化市属国有文化企业改革的意见》的通知	2017.11	鼓励国有文化企业探索开展知识产权证券化业务
5		北京市人民政府关于加快知识产权首善之区建设的实施意见	2017.3	探索开展知识产权证券化试点
6		北京市知识产权局、北京市金融工作局、中国人民银行营业管理部等关于印发《进一步推动首都知识产权金融服务工作的意见》的通知	2015.12	鼓励金融机构探索开展知识产权证券化和债券化等产品创新业务,在银行间市场、交易所市场进行交易,探索建立主要为知识产权提供投融资服务的专营金融机构,发挥无形资产融资和再融资功能

续表

序号	效力级别	文件名称	发布日期	相关条款描述
7	地方工作文件	关于印发北京市知识产权局"两区"工作推进措施的通知	2021.2	推进北京知识产权交易中心建设,审慎规范探索开展知识产权证券化
8		北京市朝阳区人民政府办公室关于印发北京市朝阳区知识产权运营服务体系建设实施方案(2020—2023年)的通知	2020.10	推动发行知识产权证券化产品1单以上
9		北京市商务局关于印发《北京市关于打造数字贸易试验区实施方案》的通知	2020.9	研究推动知识产权证券化,降低单个企业融资成本
10		北京市东城区人民政府关于印发《东城区落实〈全面推进北京市服务业扩大开放综合试点工作方案〉实施方案》的通知	2019.6	探索知识产权证券化
11		中关村国家自主创新示范区领导小组关于印发《中关村国家自主创新示范区创新引领高质量发展行动计划(2018—2022年)》的通知	2018.12	支持专业机构依法开展知识产权证券化业务,探索建立知识产权资本化运营和收益分享机制
12		北京市人民政府办公厅转发《市知识产权局等单位关于深入实施首都知识产权战略行动计划(2015—2020年)》的通知	2015.6	积极探索知识产权证券化,建立知识产权质押融资市场化风险补偿机制

2015年6月,北京市人民政府办公厅转发《市知识产权局等单位关于深入实施首都知识产权战略行动计划(2015—2020年)》的通知中,提到"积极探索知识产权证券化,建立知识产权质押融资市场化风险补偿机制"。随后在北京市知识产权局、北京市金融工作局、中国人民银行营业管理部、北京市人民政府办公厅等制定的相关文件中也都陆续提到了"支持知识产权专业机构为科创企业提供知识产权证券化服务""鼓励国有文化企业探索开展知识产权证券化业务""支持符合条件的机构作为发债主体,为企业提供知识产权证券化融资服务,并承担发债差额补足义务"、"鼓励金融机构探索开展知识产权证券化和债券化等产品创新业务"等。

下面对其他各省、市、自治区的相关政策文件也进行了统计,见表3-4~

表 3-27。

表 3-4　天津市知识产权证券化相关政策文件统计

序号	效力级别	文件名称	发布日期	相关条款描述
1	地方性法规	《天津国家自主创新示范区条例》	2020.5	在示范区支持知识产权证券化等基于知识产权的金融创新,支持知识产权服务机构开展知识产权咨询、代理、评估、质押融资和托管运营等服务
2	地方规范性文件	中共天津市滨海新区区委关于制定《滨海新区国民经济和社会发展第十四个五年规划和二〇三五年远景目标的建议》	2020.12	探索推进知识产权证券化,建设知识产权交易中心
3	地方工作文件	市知识产权局 市财政局关于印发天津市知识产权资助项目与专项资金管理办法	2021.11	构建知识产权运营体系,主要用于:支持知识产权证券化、质押融资、保险等金融创新
4		天津市人民政府关于印发天津市科技创新三年行动计划(2020—2022年)的通知	2020.11	在滨海新区探索知识产权证券化
5		天津市商务局《关于做好自贸试验区第六批改革试点经验复制推广工作》的函	2020.8	依托上海、深圳证券交易所构建知识产权证券化交易体系
6		天津市人民政府办公厅关于印发贯彻落实《国务院关于支持自由贸易试验区深化改革创新若干措施的通知》任务分工的通知	2019.3	支持在有条件的自贸试验区开展知识产权证券化试点
7		天津市人民政府办公厅关于贯彻落实"十三五"国家知识产权保护和运用规划的实施意见	2017.3	探索开展知识产权证券化业务
8		《天津市人民政府办公厅关于加快推进知识产权强市建设的实施意见》	2016.10	探索知识产权证券化,支持具有自主知识产权的企业直接融资,推动发展投贷联动、投保联动、投债联动等新模式
9		天津市知识产权局关于印发《天津市知识产权局 2014 年工作要点》的通知	2014.2	探索建立职务发明激励机制,组建知识产权收购交易平台,扩大知识产权证券化,研究企业知识产权资产核算制度,推进知识产权制度创新

续表

序号	效力级别	文件名称	发布日期	相关条款描述
10	地方工作文件	天津市财政局《关于公布2011—2012年度重点会计科研项目评审鉴定结果》的通知	2012.6	我国高新技术企业知识产权证券化融资可行性研究

表3-5 河北省知识产权证券化相关政策文件统计

序号	效力级别	文件名称	发布日期	相关条款描述
1	地方规范性文件	石家庄市人民政府办公室关于印发石家庄市推动科技服务业高质量发展实施方案（2019—2022）的通知	2019.5	鼓励社会资本投资设立知识产权运营公司，开展知识产权收储、开发、组合、投资等服务，探索开展知识产权证券化业务，盘活知识产权资产
2		石家庄市人民政府办公厅《关于石家庄市创建全省科技创新示范市的实施意见》	2018.1	创新知识产权投融资产品，探索知识产权证券化，完善知识产权信用担保机制，推动发展投贷联动、投保联动、投债联动等新模式
3		河北省人民政府办公厅关于印发《河北·京南国家科技成果转移转化示范区建设实施方案（2017—2020年）》的通知	2017.8	在用足、用好、用活国家和省的各项创新政策基础上，加强与科技部等国家部委对接，力争示范区及所在市纳入国家促进科技和金融结合试点、知识产权证券化融资试点、科技成果转化为技术标准试点等
4		石家庄市人民政府关于加快知识产权强市建设的意见	2016.7	探索开展知识产权证券化，完善知识产权信用担保机制，推动发展投贷联动、投保联动、投债联动新模式
5		中共河北省委、河北省人民政府《关于深化科技体制改革加快推进创新发展的实施意见》	2015.9	探索建立专业化、市场化的知识产权交易机构，探索开展知识产权证券化业务试点
6		河北省人民政府关于加快知识产权强省建设的实施意见	2016.4	在石家庄、保定、廊坊市探索开展知识产权证券化，完善知识产权信用担保机制，推动发展投贷联动、投保联动、投债联动新模式

续表

序号	效力级别	文件名称	发布日期	相关条款描述
7	地方工作文件	河北省市场监督管理局关于印发《2021年河北省知识产权运用促进工作方案》的通知	2021.3	以高新技术企业、重大经济活动项目承担企业为重点，大力推行知识产权管理规范国家标准。以扶持中小企业为重心，开展知识产权托管服务试点，促进专利转移转化。以惠及科技型企业为重头，创新知识产权金融服务，推进知识产权质押融资、专利保险和知识产权证券化。
8		河北省人民政府办公厅关于印发河北省推动科技服务业高质量发展实施方案（2019—2022年）的通知	2019.1	鼓励社会资本投资设立知识产权运营公司，开展知识产权收储、开发、组合、投资等服务，探索开展知识产权证券化业务，盘活知识产权资产
9		石家庄市人民政府关于印发《石家庄市知识产权示范城市建设工作方案（2018—2021年）》的通知	2018.8	探索开展知识产权证券化，完善知识产权信用担保机制，推动发展投贷联动、投保联动、投债联动新模式
10		邯郸市人民政府关于印发邯郸市技术转移体系建设实施方案的通知	2018.5	开展知识产权证券化融资试点，鼓励商业银行开展知识产权质押贷款业务
11		河北省人民政府办公厅关于印发河北省战略性新兴产业发展"十三五"规划的通知	2016.9	大力推进京南国家科技成果转移转化试验区建设，依托基础条件较好区域打造与京津错位发展、无缝对接的人才特区、金融特区、制度特区、资本特区、智慧特区、服务特区，在技术交易市场化、知识产权证券化、科技成果资本化等方面先行先试，形成与京津相互融合、有效衔接的创新和产业链条

表3-6 内蒙古自治区知识产权证券化相关政策文件统计

序号	效力级别	文件名称	发布日期	相关条款描述
1	地方规范性文件	呼和浩特市人民政府关于印发呼和浩特市创建知识产权强市实施方案的通知	2019.4	探索开展知识产权证券化工作，为市场主体提供多样化知识产权金融服务
2	地方工作文件	内蒙古自治区人民政府关于印发自治区技术转移体系建设实施方案的通知	2018.11	开展知识产权证券化融资试点，鼓励商业银行开展知识产权质押贷款业务

表 3-7 辽宁省知识产权证券化相关政策文件统计

序号	效力级别	文件名称	发布日期	相关条款描述
1	地方规范性文件	大连市人民政府关于印发推进文化创意和设计服务与相关产业融合发展实施方案的通知	2015.9	完善知识产权入股、分红等形式的激励机制和管理制度，支持具有自主知识产权的重点企业上市，积极探索知识产权证券化等创新金融模式
2		辽宁省人民政府办公厅转发省知识产权局等部门关于加强战略性新兴产业知识产权工作实施意见的通知	2012.12	鼓励高新技术企业上市融资，积极探索知识产权证券化的有效渠道
3	地方工作文件	辽宁省人民政府办公厅关于印发辽宁省实施科技成果转移转化三年行动计划（2018—2020年）的通知	2018.6	推进知识产权质押融资风险补偿基金试点市建设，探索开展知识产权证券化融资试点
4		辽宁省人民政府办公厅关于印发辽宁省知识产权战略实施推进计划（2012—2015年）的通知	2012.6	鼓励高新技术企业运用知识产权上市融资，积极探索知识产权证券化的有效渠道
5		大连市人民政府办公厅关于印发实施大连市知识产权战略纲要任务分解表的通知	2010.6	支持金融机构开展知识产权质押贷款业务，鼓励探索知识产权证券化等创新金融模式
6		大连市人民政府关于印发大连市知识产权战略纲要的通知	2009.12	支持金融机构开展知识产权质押贷款业务，鼓励探索知识产权证券化等创新金融模式

表 3-8 吉林省知识产权证券化相关政策文件统计

序号	效力级别	文件名称	发布日期	相关条款描述
1	地方规范性文件	长春市人民政府关于印发长春市2020—2023年知识产权运营服务体系建设实施方案的通知	2020.9	依法依规推进知识产权证券化，发行1单知识产权证券化产品
2		辽源市人民政府办公室关于金融支持文化产业发展的实施意见	2016.12	鼓励文化企业推行知识产权证券化，发展以知识产权等无形资产的未来现金流和收益权为担保、以证券化为载体的融资方式

续表

序号	效力级别	文件名称	发布日期	相关条款描述
3	地方规范性文件	吉林省人民政府关于新形势下加快知识产权强省建设的实施意见	2016.7	逐步探索知识产权证券化，完善知识产权信用担保机制，推动发展投贷联动、投保联动、投债联动新模式
4		四平市人民政府办公室关于金融支持文化产业发展的实施意见	2016.11	鼓励文化企业推行知识产权证券化，发展以知识产权等无形资产的未来现金流和收益权为担保、以证券化为载体的融资方式
5		中共吉林省委、吉林省政府关于《深入实施创新驱动发展战略推动老工业基地全面振兴的若干意见》	2016.7	探索推动知识产权证券化
6		吉林省人民政府办公厅关于金融支持文化产业发展的实施意见	2016.4	鼓励文化企业推行知识产权证券化，发展以知识产权等无形资产的未来现金流和收益权为担保、以证券化为载体的融资方式
7	地方工作文件	长春市人民政府办公厅关于印发长春市全面深化服务贸易创新发展试点实施方案的通知	2020.11	推广专利权质押融资模式，完善知识产权担保机制，加大专利保险产品开发和推广力度，规范探索知识产权证券化
8		吉林省人民政府关于印发吉林省技术转移体系建设方案的通知	2018.11	鼓励商业银行推进知识产权质押贷款业务，开展知识产权证券化融资试点

表3-9 上海市知识产权证券化相关政策文件统计

序号	效力级别	文件名称	发布日期	相关条款描述
1	地方规范性文件	上海市人民政府关于印发《本市贯彻〈关于支持自由贸易试验区深化改革创新若干措施〉实施方案》的通知	2019.3	推进上海市知识产权证券化试点，加快建设国家知识产权运营公共服务平台国际运营（上海）试点平台，推动知识产权跨境交易，开展知识产权交易服务、海外布局及维权等业务
2		上海市委、上海市政府《关于加强知识产权运用和保护支撑科技创新中心建设的实施意见》	2016.2	以专利权为主要内容开展知识产权信托交易试点，探索开展知识产权证券化业务

续表

序号	效力级别	文件名称	发布日期	相关条款描述
3	地方规范性文件	中共上海市委、上海市人民政府《关于加快建设具有全球影响力的科技创新中心的意见》	2015.5	探索知识产权资本化交易,争取国家将专利质押登记权下放至上海,探索建立专业化、市场化、国际化的知识产权交易机构,逐步开展知识产权证券化交易试点
4		上海市人民政府关于印发《上海市全面深化服务贸易创新发展试点实施方案》的通知	2020.11	支持知识产权证券化产品发展
5	地方工作文件	黄浦区人民政府办公室关于印发《上海张江高新技术产业开发区黄浦园 2020 年发展规划纲要》的通知	2016.8	发挥资本市场对创新的支撑作用,支持符合条件的园区企业发行公司债券,探索开展知识产权证券化业务,开展股权众筹融资试点,扶持企业上市融资
6		上海市徐汇区人民政府关于印发《徐汇区人民政府关于漕河泾新兴技术开发区(徐家部分)建设科技创新集聚区的实施方案》的通知	2015.12	推进知识产权转化交易平台建设,研究开展知识产权保险、知识产权证券化等新兴业务,促进知识产权转化和应用

表 3-10　江苏省知识产权证券化相关政策文件统计

序号	效力级别	文件名称	发布日期	相关条款描述
1	地方规范性文件	中共苏州市委 苏州市人民政府关于开放再出发的若干政策意见	2020.1	激励探索知识产权证券化
2		常州市政府关于加快推进全市技术转移体系建设的实施意见	2018.12	积极争取知识产权证券化融资试点,支持企业利用公司债券等进行科技成果转化项目融资
3		江苏省政府关于加快推进全省技术转移体系建设的实施意见	2018.5	积极争取知识产权证券化融资试点,支持企业利用公司债券等进行科技成果转化项目融资
4		江苏省政府印发关于知识产权强省建设若干政策措施的通知	2017.3	鼓励金融机构创新知识产权金融产品,推进投贷联动、投保联动、投债联动,探索知识产权证券化

续表

序号	效力级别	文件名称	发布日期	相关条款描述
5		盐城市人民政府关于印发盐城市国家知识产权示范城市建设工作方案的通知	2020.9	支持在我市开展知识产权产业投资、知识产权证券化等金融业务
6		苏州市政府印发关于推动生产性服务业集聚创新发展的两项重点政策和十项重点举措的通知	2020.7	支持自贸片区探索知识产权证券化路径
7		江苏省知识产权局关于印发2020年江苏省"知识产权服务万里行"活动实施方案的通知	2020.6	引导南京、苏州等地加快知识产权证券化试点进程
8		江苏省政府关于印发苏南国家自主创新示范区一体化发展实施方案（2020—2022年）的通知	2020.5	促进投、贷、保深度融合，创新支持科技型小微企业的科技金融模式，大力发展知识产权质押融资、知识产权证券化等知识产权金融创新
9		江苏省知识产权局关于印发2020年全省知识产权金融工作要点的通知	2020.3	推广知识产权保险以及开展知识产权证券化试点等方面取得的先进经验和做法，及时在全省推广并视情上报国家知识产权局
10		中共苏州市委 苏州市人民政府关于印发苏州市优化营商环境创新行动2020的通知	2020.3	鼓励企业开展知识产权运营许可交易，探索开展风险补贴和知识产权证券化
11		连云港市政府办公室关于印发连云港市技术转移体系建设实施方案的通知	2018.12	积极争取知识产权证券化融资试点，支持企业利用公司债券等进行科技成果转化项目融资
12	地方工作文件	连云港市政府办公室关于印发连云港市复制推广自由贸易试验区第四批改革试点经验工作实施方案的通知	2018.11	培育多元化知识产权金融服务市场，拓展知识产权质押融资、推进知识产权保险、知识产权证券化等试点
13		南京市政府办公厅关于印发南京市知识产权运营服务体系建设实施方案的通知	2018.10	集聚一批银行、保险、担保、创投、证券等金融机构，建成质押融资、专利保险、担保投资、知识产权证券化等知识产权金融功能集聚区

续表

序号	效力级别	文件名称	发布日期	相关条款描述
14		南京市人民政府办公厅关于印发《南京市知识产权运营服务体系建设实施方案》的通知	2018.10	集聚一批银行、保险、担保、创投、证券等金融机构,建成质押融资、专利保险、担保投资、知识产权证券化等知识产权金融功能集聚区
15		南京市政府办公厅关于印发《加快科技服务业发展实施方案》的通知	2017.4	鼓励社会资本投资设立知识产权运营公司,开展知识产权收储、开发、组合、投资等服务,探索开展知识产权证券化业务,盘活知识产权资产,加快实现知识产权市场价值
16		南京市政府办公厅关于转发市科委南京市知识产权强市建设行动计划(2017—2019年)的通知	2017.4	鼓励金融机构开展知识产权证券化试点,在全市加快形成多方参与、多层次、多渠道的知识产权投融资服务体系
17		南京市政府办公厅关于印发南京市"十三五"知识产权发展规划的通知	2017.2	积极探索专利许可收益权、商标权、版权质押融资、知识产权证券化等新模式
18		泰州市政府办公室关于印发加快建设知识产权强市的意见任务分解落实方案的通知	2016.12	探索建立知识产权证券化交易机制,支持拥有自主知识产权的企业通过资本市场直接融资
19		南通市政府关于印发《南通市专利助推产业创新发展行动方案(2015—2020年)》的通知	2015.7	推动知识产权证券化,探索知识产权众筹等互联网金融模式,支持企业通过资本市场直接融资

表3-11 浙江省知识产权证券化相关政策文件统计

序号	效力级别	文件名称	发布日期	相关条款描述
1	地方规范性文件	中共金华市委关于制定金华市国民经济和社会发展第十四个五年规划和二〇三五年远景目标的建议	2020.12	加快知识产权保护体系建设,探索知识产权证券化
2		中共浙江省委办公厅 浙江省人民政府办公厅印发《关于全面强化知识产权工作的意见》的通知	2019.12	实施科技型企业上市知识产权护航行动,积极推动知识产权金融产品、模式和服务创新,探索知识产权证券化

续表

序号	效力级别	文件名称	发布日期	相关条款描述
3	地方规范性文件	杭州市人民政府关于推动创新创业高质量发展打造全国"双创"示范城的实施意见	2019.9	支持专业机构开展知识产权证券化业务,探索建立知识产权交易平台
4		中共浙江省委、浙江省人民政府《关于推进宁波温州国家自主创新示范区建设的若干意见》	2018.11	鼓励探索建立知识产权证券化机制
5		中共浙江省委、浙江省人民政府关于深化人才发展体制机制改革支持人才创业创新的意见	2016.6	鼓励开展知识产权证券化交易,大力发展知识产权质押
6		浙江省人民政府办公厅关于杭州高新技术产业开发区(滨江)科技体制改革试点方案的复函	2015.9	探索开展知识产权证券化业务
7		台州市人民政府办公室关于印发台州市人才发展"十三五"规划(2016—2020年)的通知	2016.11	积极探索和规范发展互联网金融,加强创新型中小企业与台州市小微企业信用保证基金合作,适当放宽风险容忍度及降低担保费率,并探索开展知识产权证券化交易和知识产权质押
8		浙江省人民政府办公厅关于印发《浙江省人才发展"十三五"规划》的通知	2016.9	鼓励开展知识产权证券化交易,大力发展知识产权质押
9		浙江省人民政府关于印发加快推进"一转四创"建设"互联网+"世界科技创新高地行动计划的通知	2016.8	创建国家知识产权投融资综合试验区,逐步开展知识产权证券化交易试点、专利保险试点

表3-12 安徽省知识产权证券化相关政策文件统计

序号	效力级别	文件名称	发布日期	相关条款描述
1	地方规范性文件	安徽省人民政府关于印发"十三五"安徽省知识产权保护和运用规划的通知	2017.8	探索开展知识产权证券化和信托业务,支持以知识产权出资入股

续表

序号	效力级别	文件名称	发布日期	相关条款描述
2	地方规范性文件	芜湖市人民政府办公室关于促进数字出版产业发展的若干意见	2012.11	支持金融机构开展著作权、专利权、商标权质押贷款业务,鼓励探索知识产权证券化等创新金融模式
3	地方工作文件	安徽省人民政府关于印发中国(安徽)自由贸易试验区专项推进行动计划方案的通知	2021.1	探索有条件的科技创新企业规范开展知识产权证券化试点
4		芜湖市人民政府关于印发加快知识产权强市建设实施方案的通知	2016.12	推动知识产权证券化,支持拥有知识产权的企业通过资本市场直接融资,加快实现知识产权金融服务常态化、规模化

表3-13 福建省知识产权证券化相关政策文件统计

序号	效力级别	文件名称	发布日期	相关条款描述
1	地方性法规	《厦门经济特区知识产权促进和保护条例》	2020.10	创新知识产权证券化、融资租赁等金融服务模式
2	地方规范性文件	中国(福建)自由贸易试验区厦门片区管理委员会关于印发中国(福建)自由贸易试验区厦门片区知识产权要素发展扶持办法的通知	2020.8	鼓励区内相关服务机构开展知识产权证券化业务
3		福建省市场监督管理局印发《关于进一步发挥市场监管职能作用 推动中国(福建)自由贸易试验区深化改革创新的实施方案》的通知	2019.1	进一步推进知识产权质押融资、投资担保等知识产权金融创新工作,协同省证监局加强调研和基础建设,在条件成熟的片区开展知识产权证券化试点,支持台湾民间资本和机构参与"一带一路"知识产权运营投资基金、两岸知识产权银行、知识产权运营服务平台等重大项目建设
4		福州市人民政府关于印发进一步推进中国(福建)自由贸易试验区福州片区改革创新五十条措施的通知	2018.12	探索开展知识产权证券化试点,创新专利质押贷款模式,打通知识产权价值实现中存在的瓶颈和障碍

续表

序号	效力级别	文件名称	发布日期	相关条款描述
5	地方工作文件	福州市人民政府关于印发福州市复制推广全国第六批自贸改革试点经验工作方案的通知	2020.10	复制推广知识产权证券化内容
6		福建省人民政府办公厅关于落实国家技术转移体系建设工作任务分工的通知	2018.1	开展知识产权证券化融资试点,鼓励商业银行开展知识产权质押贷款业务
7		福州市人民政府关于印发福州市开展新一轮国家知识产权示范城市工作方案的通知	2017.1	鼓励证券公司、信托公司探索知识产权证券化及知识产权信托服务,构建多元化的知识产权金融服务体系

表3-14 江西省知识产权证券化相关政策文件统计

序号	效力级别	文件名称	发布日期	相关条款描述
1	地方规范性文件	江西省市场监督管理局、江西省地方金融监督管理局、中国银行保险监督管理委员会江西监管局关于印发《进一步加强江西省知识产权质押融资等金融工作的意见》的通知	2019.8	充分发挥无形资产融资功能,股权交易中心等机构要探索开展知识产权证券化等产品创新业务
2		江西省人民政府办公厅印发《关于支持大南昌都市圈发展若干政策措施》的通知	2019.3	支持南昌创建国家知识产权强市,开展知识产权证券化融资和知识产权质押融资
3	地方工作文件	南昌市人民政府办公室关于印发南昌市复制推广自由贸易试验区第六批改革试点经验工作实施方案的通知	2021.1	依托省级有关部门构建知识产权证券化交易体系
4		江西省人民政府办公厅关于印发江西省技术转移体系建设实施方案的通知	2019.1	大力推动知识产权证券化融资试点,鼓励商业银行开展知识产权质押贷款业务
5		南昌市人民政府办公厅关于转发市科技局南昌市促进科技和金融结合试点方案的通知	2016.11	积极做好知识产权证券化工作

表 3–15　山东省知识产权证券化相关政策文件统计

序号	效力级别	文件名称	发布日期	相关条款描述
1	地方规范性文件	威省科技厅省知识产权局发威海市全面深化服务贸易创新发展试点方案的通知	2020.10	推广专利权质押融资模式，加大专利保险产品开发和推广力度，探索知识产权证券化
2		淄博市人民政府关于印发淄博市知识产权强市建设实施方案的通知	2017.10	制定知识产权金融扶持政策，鼓励创新知识产权投融资产品，探索知识产权证券化
3		山东省人民政府关于印发《山东省"十三五"知识产权保护和运用规划》的通知	2017.9	探索试点高科技创新型中小微企业开展知识产权证券化融资，运用互联网股权融资平台融资
4		东营市人民政府办公室转发《东营市知识产权局关于加快知识产权服务业发展的意见》的通知	2017.6	适时开展知识产权证券化试点工作
5		青岛市人民政府关于加快知识产权强市建设的实施意见	2016.12	制定知识产权金融扶持政策，鼓励创新知识产权投融资产品，探索知识产权证券化
6		山东省人民政府关于贯彻国发〔2014〕49号文件加快科技服务业发展的实施意见	2015.6	探索设立全省统一的知识产权交易平台，推进知识产权证券化
7		山东省市场监督管理局关于印发深化知识产权领域"放管服"改革分工方案的通知	2020.4	供信贷支持，推动多类型知识产权混合质押，鼓励开发知识产权综合险种，加快推进知识产权证券化试点
8	地方工作文件	济南市人民政府办公厅关于印发济南市知识产权运营服务体系建设实施方案（2019—2021年）的通知	2019.12	指导知识产权权利人以知识产权作价入股，鼓励企业开展知识产权并购投资活动，探索知识产权证券化工作
9		济南市人民政府关于印发济南市现代金融产业发展行动计划（2018—2022年）的通知	2018.12	大力支持开展应收账款证券化、房地产资产证券化、保单质押贷款资产证券化、PPP项目资产证券化、知识产权证券化等资产证券化业务，推动资产证券化成为重要融资渠道

续表

序号	效力级别	文件名称	发布日期	相关条款描述
10		东营市人民政府关于印发东营市知识产权保护和运用规划（2018—2020年）的通知	2018.4	知识产权交易市场初步形成，知识产权转让、许可、资本运营等活动深入开展，知识产权质押融资规模进一步扩大，知识产权保险社会认可度明显提高，知识产权证券化得到有益尝试
11		青岛市人民政府关于印发青岛市知识产权运营服务体系建设实施方案的通知	2017.10	鼓励企业利用知识产权通过资本市场实现直接融资，探索尝试知识产权证券化新模式
12		山东省人民政府关于印发《山东省"十三五"科技创新规划》的通知	2016.12	充分发挥知识产权质押融资风险补偿基金引导作用，进一步扩大知识产权质押融资规模，有效带动专利保险、知识产权证券化等新兴知识产权金融服务业态发展
13		山东省人民政府办公厅转发省科技厅《山东省科技服务业转型升级实施方案》的通知	2016.7	引入国内外知名的投行或商业财团，集知识产权收储、许可、转让、融资、产业化、作价入股、专利池集成运作等知识产权服务为一体，探索设立知识产权"银行"，探索知识产权证券化，完善知识产权信用担保机制
14		山东省人民政府办公厅转发省科技厅省知识产权局《山东省知识产权服务业转型升级实施方案》的通知	2016.7	开展知识产权证券化试点。进一步拓宽知识产权融资渠道，在加强调研、积极探索的基础上，适时开展知识产权证券化的试点工作，选择有代表性的企业先行先试，总结经验，以点带面，并在实践中不断加强政策研究和扶持
15		济南市人民政府办公厅关于转发市科技局等单位济南市深入实施知识产权战略行动计划（2016—2020年）的通知	2016.3	创新知识产权投融资产品，探索知识产权证券化业务模式，完善相关信用担保机制，引导和鼓励融资性担保公司为中小企业知识产权质押融资提供担保服务
16		中共山东省委 山东省人民政府关于深入实施创新驱动发展战略的意见	2015.8	探索发展知识产权交易平台，逐步建立并完善知识产权评估、质押、托管、流转、变现机制，加快推进知识产权证券化

续表

序号	效力级别	文件名称	发布日期	相关条款描述
17		山东省人民政府办公厅关于转发省知识产权局《山东省深入实施知识产权战略行动计划（2015—2020年）》的通知	2015.9	加快建设省级知识产权交易中心，推进知识产权、知识产权证券化产品交易，开展知识产权质押融资，搭建全省知识产权流转、融资的综合服务平台
18		山东省人民政府办公厅转发省科技厅《关于加快推进大众创新创业的实施意见》的通知	2015.8	鼓励开展知识产权质押融资，为中小微企业知识产权质押融资提供担保、贴息或科技计划支持，减轻企业融资成本负担，引导和支持金融、保险等机构为企业知识产权质押融资提供服务。加快培育和规范专利保险市场，探索推动知识产权证券化

表 3-16　河南省知识产权证券化相关政策文件统计

序号	效力级别	文件名称	发布日期	相关条款描述
1	地方规范性文件	洛阳市人民政府关于深入实施知识产权战略的意见	2020.4	积极推动知识产权证券化
2		河南省人民政府办公厅关于进一步激发社会领域投资活力的实施意见	2017.11	以河南技术产权交易所为依托，开展知识产权证券化试点
3		河南省人民政府关于新形势下加快知识产权强省建设的若干意见	2017.5	依托河南技术产权交易所，建设知识产权网上实时评估系统和竞价系统，探索开展知识产权证券化工作
4		郑州市人民政府办公厅关于印发中国（河南）自由贸易试验区郑州片区三年行动计划（2019—2021年）的通知	2019.6	支持开展知识产权质押融资、知识产权保险、知识产权证券化等试点。实施知识产权信用担保、投贷联动、投保联动、投债联动等
5		河南省人民政府关于印发河南省建设支撑型知识产权强省试点省实施方案的通知	2016.10	支持河南省技术产权交易所建立知识产权网上实时评估系统和竞价系统，加大以知识产权为核心的股权、债券交易力度，探索推进知识产权证券化

续表

序号	效力级别	文件名称	发布日期	相关条款描述
6	地方规范性文件	洛阳市人民政府办公室关于印发构建现代产业体系促进科技服务业发展实施方案的通知	2016.8	探索专利工作提升科技创新效率、加快产业升级、支持企业"走出去"等方面的有效路径，探索知识产权证券化运作模式
7		鹤壁市人民政府关于印发《鹤壁市"互联网+"行动实施方案》的通知	2015.12	创新金融产品和服务，构建多层次的"互联网+"投融资服务体系。强化资本市场对互联网技术创新的支持，通过知识产权证券化、股权众筹融资等创新模式，支持企业转型升级和中小微企业发展，催生和促进互联网经济新业态

表 3-17　湖南省知识产权证券化相关政策文件统计

序号	效力级别	文件名称	发布日期	相关条款描述
1	地方工作文件	湖南省人民政府办公厅关于加快推进知识产权强省建设的实施意见	2017.5	探索知识产权证券化，完善知识产权信用担保机制
2		湖南省人民政府办公厅关于印发《长株潭国家自主创新示范区建设三年行动计划（2017—2019年）》的通知	2017.4	建立完善知识产权质押融资风险管理机制和知识产权质押融资评估管理体系，开展专利权质押融资、专利保险、知识产权证券化等试点
3		湖南省知识产权局关于印发《湖南省知识产权（专利）"十三五"发展规划》的通知	2016.12	大力发展知识产权金融服务，健全知识产权投融资服务体系，探索知识产权证券化
4		湖南省知识产权局《关于组织申报2016年全国专利事业发展战略推进工作创新项目》的通知	2016.4	创新知识产权投融资产品，探索知识产权证券化、资本化运作模式

表 3-18　湖北省知识产权证券化相关政策文件统计

序号	效力级别	文件名称	发布日期	相关条款描述
1	地方规范性文件	咸宁市人民政府关于加快新旧动能转换的实施意见	2018.9	设立市级知识产权质押贷款的风险准备金，建立科技贷款风险补偿机制，探索知识产权证券化业务

续表

序号	效力级别	文件名称	发布日期	相关条款描述
2	地方规范性文件	湖北省人民政府关于加快新旧动能转换的若干意见	2018.4	设立省级知识产权质押贷款的风险准备金,建立科技贷款风险补偿机制,探索知识产权证券化业务
3		武汉市人民政府关于印发《中国(湖北)自由贸易试验区武汉片区实施方案》的通知	2017.8	探索开展知识产权证券化交易试点
4		荆门市人民政府关于加快知识产权强市建设的实施意见	2016.12	支持银行、证券、保险、私募股权基金等机构广泛参与知识产权金融服务,创新知识产权投融资产品,探索知识产权证券化,完善知识产权信用担保机制,引导和鼓励融资性担保公司为中小企业知识产权质押融资提供担保服务,推动开展知识产权保险工作
5		湖北省人民政府关于加快发展新经济的若干意见	2016.12	探索开展知识产权证券化业务
6		湖北省政府关于印发湖北省加快知识产权强省建设实施方案的通知	2016.11	创新知识产权投融资产品,探索知识产权证券化,完善知识产权信用担保机制,推动发展投贷联动、投保联动、投债联动等新模式
7		中共武汉市委、武汉市人民政府《关于实施"十大计划"加快建设具有强大带动力的创新型城市的意见》	2016.8	开展股权众筹、知识产权证券化等新型融资服务,打造私募基金特色小镇
8		湖北省人民政府关于加快知识产权强省建设的意见	2016.6	创新知识产权投融资产品,探索知识产权证券化,完善知识产权信用担保机制,推动发展投贷联动、投保联动、投债联动等新模式
9	地方工作文件	湖北省人民政府关于印发《湖北省贯彻落实国务院支持自由贸易试验区深化改革创新若干措施实施方案》的通知	2019.1	支持武汉积极争取知识产权证券化试点
10		宜昌市人民政府关于印发《宜昌市加快新旧动能转换实施方案》的通知	2018.10	设立科技贷款风险资金池,建立专利质押融资贷款风险补偿机制,探索知识产权证券化业务

续表

序号	效力级别	文件名称	发布日期	相关条款描述
11		湖北省人民政府批转省发展改革委关于2017年全省国民经济和社会发展计划报告的通知	2017月	大力推进科技金融创新服务体系建设，鼓励发展知识产权质押融资、知识产权证券化、股权众筹和科保险，为发展实体经济提供资金支持
12		十堰市人民政府办公室关于发挥品牌引领作用推动供需结构升级的实施意见	2017.3	开展驰名商标和著名商标、地理标志、老字号、湖北名牌等价值评估，量化品牌价值，提升品牌美誉度，鼓励金融机构开展与商标权相关的金融产品创新，支持金融机构开办商标专用权质押融资和知识产权证券化业务，完善商标评估等相关配套措施
13		湖北省人民政府办公厅关于发挥品牌引领作用推动供需结构升级的意见	2016.10	开展知识产权证券化业务，完善两大互联网知识产权金融服务平台服务功能，加大科技保险政策支持力度
14		湖北省人民政府关于印发湖北省创新型省份建设推进计划（2016—2020年）的通知	2016.7	推动企业私募债券、股权质押融资、知识产权证券化业务广泛开展，引导更多具备条件的企业在"新三板"和武汉股权托管交易中心挂牌
15		湖北省人民政府关于加快推进"互联网+"行动的实施意见	2015.12	支持通过知识产权证券化、股权众筹融资等创新模式，助力企业转型升级和中小微企业发展，催生和促进互联网经济新业态
16	省级地方性法规	《中国（湖北）自由贸易试验区条例》	2018.9	支持自贸试验区内金融机构开展投贷联动、供应链金融、知识产权质押融资、知识产权证券化等产品创新

表3-19 广东省知识产权证券化相关政策文件统计

序号	效力级别	文件名称	发布日期	相关条款描述
1	地方性法规	《广州市优化营商环境条例》	2020.12	本市支持开展知识产权质押融资、知识产权证券化等金融创新

续表

序号	效力级别	文件名称	发布日期	相关条款描述
2	地方性法规	深圳经济特区科技创新条例	2020.8	推动知识产权证券化，推进以知识产权运营未来收益权为底层资产发行知识产权证券化产品
3		深圳经济特区人才工作条例（2019年修正）	2019.5	鼓励知识产权证券化，创新知识产权投融资产品，引导企业科学核算和管理知识产权资产，完善知识产权信用担保制度，促进知识产权价值实现
4	地方规范性文件	广州市人民政府办公厅关于印发广州市全面深化服务贸易创新发展试点实施方案的通知	2020.12	推广专利权质押融资模式，完善知识产权担保机制，加大专利保险产品开发和推广力度，规范探索知识产权证券化
5		中共广州市委关于制定广州市国民经济和社会发展第十四个五年规划和二〇三五年远景目标的建议	2020.12	促进知识产权证券化，利用多层次资本市场开展融资、再融资和并购重组
6		中共深圳市委关于制定深圳市国民经济和社会发展第十四个五年规划和二〇三五年远景目标的建议	2020.12	筹建知识产权和科技成果产权交易中心，率先探索知识产权证券化，加强前沿领域高价值发明专利布局
7		广州市地方金融监督管理局印发《关于贯彻落实金融支持粤港澳大湾区建设意见的行动方案》的通知	2020.9	深入推进知识产权金融产品创新，推动知识产权证券化市场化、持续化发行
8		东莞市人民政府办公室关于印发《东莞市知识产权运营服务体系建设专项资金管理办法》的通知	2020.8	支持开展知识产权证券化资助项目
9		广州市市场监督管理局关于印发深化知识产权"放管服"改革 优化营商环境实施意见的通知	2020.5	支持知识产权证券化市场创新发展，继续发行知识产权证券化产品
10		广州市黄埔区人民政府、广州开发区管委会关于印发《广州市黄埔区、广州开发区、广州高新区进一步加强知识产权运用和保护促进办法》的通知	2020.4	推动知识产权证券化，对具有创新性且形成一定示范效应的知识产权证券化产品，按其实际发行金额的2%给予发行主体奖励，单个发行主体每年最高600万元

续表

序号	效力级别	文件名称	发布日期	相关条款描述
11	地方规范性文件	广东省科学技术厅、广东省发展和改革委员会、广东省工业和信息化厅、广东省财政厅、广东省卫生健康委员会、广东省医疗保障局、广东省地方金融监督管理局、广东省中医药局、广东省药品监督管理局关于印发《促进生物医药创新发展的若干政策措施》的通知	2020.4	在广东股权交易中心开辟生物医药产权交易专项板块,提供知识产权质押融资、知识产权保险等知识产权金融服务,开发知识产权证券化融资产品
12		深圳市市场监督管理局关于印发《深圳市知识产权运营服务体系建设专项资金操作规程》的通知	2019.8	推进知识产权证券化,扶持我市从事知识产权运营服务或知识产权数据分析评议的知识产权服务机构开展知识产权证券化试点工作,资助不超过两家,每家资助金额不超过100万元
13		广东省人民政府办公厅关于印发深化中国(广东)自由贸易试验区制度创新实施意见的通知	2018.8	争取知识产权证券化试点,加强与香港知识产权交易所交流合作,研究可落地实施的证券化产品,探索国内商标、专利等知识产权在香港证券化可行性
14		广东省人民政府办公厅关于印发广东省战略性新兴产业发展"十三五"规划的通知	2017.8	完善知识产权市场交易规则和机制,建设覆盖粤港澳、连通海内外的知识产权交易平台。推广知识产权质押融资,探索开展知识产权证券化试点,完善知识产权运营体系
15		广东省人民政府办公厅关于印发广东省实施质量强省战略2016—2017年行动计划的通知	2016.10	加快全国知识产权运营公共服务横琴特色试点平台和广州知识产权交易中心建设,支持省内知识产权交易机构探索开展知识产权证券化业务
16		广东省人民政府关于印发《珠三角国家自主创新示范区建设实施方案(2016—2020年)》的通知	2016.4	设立知识产权质押融资风险补偿基金,引导和支持金融机构开发更多面向中小微企业的知识产权金融产品,探索开展知识产权证券化
17		汕头市人民政府关于进一步做好新形势下就业创业工作的实施意见	2015.12	建设完善知识产权交易及运营平台。创新知识产权金融服务模式,推进知识产权质押融资,探索开展知识产权证券化研究

续表

序号	效力级别	文件名称	发布日期	相关条款描述
18		韶关市人民政府关于进一步做好新形势下就业创业工作的实施意见	2015.9	创新知识产权金融服务模式,推进知识产权质押融资,探索开展知识产权证券化研究
19		广东省人民政府关于进一步做好新形势下就业创业工作的实施意见	2015.8	创新知识产权金融服务模式,推进知识产权质押融资,探索开展知识产权证券化研究
20		广东省知识产权局关于贯彻落实《国家知识产权局关于进一步推动知识产权金融服务工作的意见》有关工作安排的通知	2015.5	支持有条件的地市开展知识产权证券化业务试点和创建知识产权运营基金,探索建立知识产权金融服务有效工作模式,并在全省范围总结推广,以服务当地经济和企业创新发展为导向,推动知识产权金融服务工作向纵深发展
21		广东省人民政府办公厅转发省知识产权局关于促进我省知识产权服务业发展若干意见的通知	2014.1	探索建立知识产权证券化交易机制,开展知识产权证券交易试点
22	地方工作文件	广东省人民政府办公厅转发省发展改革委关于加快发展高技术服务业实施意见的通知	2012.10	完善知识产权价值评估制度、机构建设和管理规定,建设知识产权交易平台,完善股权化激励机制,积极培育并推行知识产权证券化、知识产权保险、知识产权质押等融资方式
23		深圳市人民政府办公厅印发中共深圳市委、深圳市人民政府关于实施自主创新战略建设国家创新型城市的决定有关配套政策文件的通知	2006.4	探索知识产权证券化机制,推动知识产权与金融业的融合
24		佛山市市场监督管理局关于遴选知识产权金融创新发展及实施路径课题研究服务机构的通知	2021.2	结合佛山产业发展现状,研究提出包括但不限于以下知识产权金融服务实施路径:知识产权质押融资、知识产权信托、知识产权保理、知识产权证券化、知识产权保险、知识产权运营基金、知识产权保护基金等
25		佛山人民政府办公室关于印发佛山高新技术产业开发区践行新发展理念促进高质量发展三年行动方案(2021—2023年)的通知	2020.11	探索发行知识产权证券化融资产品

续表

序号	效力级别	文件名称	发布日期	相关条款描述
26		深圳市市场监督管理局关于公开遴选深圳市知识产权运营基金管理人的公告（附：深圳市知识产权运营基金管理办法（试行））	2020.10	积极推动知识产权证券化工作，参与发行证券化产品
27		广东省人民政府关于印发中新广州知识城总体发展规划（2020—2035年）的通知	2020.9	在知识城探索开展知识产权证券化试点，在上海证券交易所、深圳证券交易所探索发行知识产权证券化产品
28		科技部 深圳市人民政府关于印发《中国特色社会主义先行示范区科技创新行动方案》的通知	2020.7	支持深圳开展知识产权证券化试点
29		东莞市人民政府办公室关于进一步优化惠企扶持和经济调度的实施办法	2020.7	支持开展知识产权证券化资助项目
30	地方工作文件	广东省知识产权局关于征集2021年知识产权工作项目需求的通知	2020.5	开展知识产权证券化实践和研究工作，联合金融机构开展知识产权证券化产品研究，适时推出专业知识产权证券化产品
31		广州市知识产权工作领导小组关于印发《广州市加强自主知识产权产品推广应用的若干措施》的通知	2020.4	支持开展知识产权证券化，拓宽自主知识产权企业融资渠道
32		汕头市人民政府办公室关于印发《汕头市优化营商环境改革举措复制推广借鉴工作实施方案》的通知	2020.2	知识产权证券化，创业创新金融服务平台
33		深圳市第六届人民代表大会第八次会议关于深圳市2019年国民经济和社会发展计划执行情况与2020年计划的决议	2020.1	强化知识产权金融创新，探索建设具备国际化知识产权金融业务功能的知识产权和科技成果产权交易中心，积极推进知识产权证券化
34		广东省人民政府办公厅关于做好优化营商环境改革举措复制推广借鉴工作的通知	2019.11	知识产权证券化，创业创新金融服务平台

续表

序号	效力级别	文件名称	发布日期	相关条款描述
35	地方工作文件	深圳市人民政府关于印发支持自由贸易试验区深化改革创新若干措施工作方案的通知	2019.7	支持在有条件的自贸试验区开展知识产权证券化试点
36		深圳市人民政府关于印发新一代人工智能发展行动计划（2019—2023年）的通知	2019.5	探索人工智能知识产权证券化，鼓励企业综合运用专利、版权、商标等知识产权手段打造自有品牌
37		广东省人民政府关于印发支持自由贸易试验区深化改革创新若干措施分工方案的通知	2019.2	支持在有条件的自贸试验区开展知识产权证券化试点
38		深圳市人民政府办公厅关于印发深圳市知识产权运营服务体系建设实施方案（2018—2020年）的通知	2018.9	推动设立知识产权运营基金，开展知识产权质押融资、知识产权保险试点示范工作，探索知识产权证券化
39		深圳市人民政府关于印发深圳市可持续发展规划（2017—2030年）及相关方案的通知	2018.3	争取开展知识产权证券化试点和股权众筹融资试点，支持科技型企业向境内外合格投资者募集资金
40		广东省人民政府关于印发《实施珠三角规划纲要2017年重点工作任务》的通知	2017.5	推动国家授权全面创新改革事项落地实施，重点推进投贷联动试点、工业产品生产许可证审批制度改革，探索开展知识产权证券化试点，制订实施粤、港、澳科技合作发展研究计划
41		珠海市人民政府关于印发珠海市实施创新驱动发展战略"十三五"规划的通知	2017.3	创新横琴国际知识产权交易中心运营模式，完善知识产权交易市场，探索知识产权证券化，建立知识产权质押融资风险补偿机制和贴息基金，推动科技保险产品创新和科技担保业务发展
42		广州市人民政府关于印发广州市系统推进全面创新改革试验三年行动计划（2016—2018年）的通知	2017.2	争取开展知识产权证券化试点，探索建立健全知识产权证券化涉及的著作权与专利权权属登记、转让、信用评级、法制保障等方面机制和规则

续表

序号	效力级别	文件名称	发布日期	相关条款描述
43	地方工作文件	广东省人民政府关于印发广东创新型省份建设试点方案的通知	2017.1	开展知识产权证券化试点、股权众筹融资试点和全国专利保险试点等
44		广东省人民政府关于印发广东省系统推进全面创新改革试验行动计划的通知	2016.11	探索开展知识产权证券化业务。探索建立健全知识产权证券化涉及的著作权与专利权权属登记、转让、信用评级、法制保障等方面机制和规则，研究开展全国知识产权证券化试点
45		深圳市市场和质量监督管理委员会 深圳市发展和改革委员会关于印发《深圳市知识产权"十三五"规划》的通知	2016.11	开展专利保险试点、知识产权质押融资试点以及知识产权投融资试点，探索知识产权证券化
46		广东省全面深化改革加快实施创新驱动发展战略领导小组国家自主创新示范区建设工作办公室、中国（广东）自由贸易试验区工作办公室关于印发《关于推动珠三角国家自主创新示范区与中国（广东）自由贸易试验区联动发展的实施方案（2016—2020）》的通知	2016.11	争取开展全国知识产权证券化试点，支持设立知识产权证券化交易平台
47		广东省人民政府办公厅关于印发广东省实施质量强省战略 2016—2017 年行动计划的通知	2016.10	加快全国知识产权运营公共服务横琴特色试点平台和广州知识产权交易中心建设，支持省内知识产权交易机构探索开展知识产权证券化业务
48		广东省人民政府办公厅关于印发广东省建设大众创业万众创新示范基地实施方案的通知	2016.10	按照国家部署，优先支持示范基地所在地市探索开展知识产权证券化业务
49		广东省人民政府关于印发广东省建设引领型知识产权强省试点省实施方案的通知	2016.6	加强"互联网+"知识产权金融平台的融合对接，在知识产权证券化及投贷联动等方面先行先试
50		广东省人民政府关于印发《珠三角国家自主创新示范区建设实施方案（2016—2020年）》的通知	2016.4	设立知识产权质押融资风险补偿基金，引导和支持金融机构开发更多面向中小微企业的知识产权金融产品，探索开展知识产权证券化

续表

序号	效力级别	文件名称	发布日期	相关条款描述
51	地方工作文件	广东省人民政府关于印发广东省深入实施知识产权战略推动创新驱动发展行动计划的通知	2015.9	支持省内知识产权交易机构探索开展知识产权证券化业务
52		深圳市人民政府办公厅关于印发中国（广东）自由贸易试验区深圳前海蛇口片区2015年工作要点的通知	2015.9	推动知识产权投融资试点，创新知识产权质押融资模式，探索知识产权证券化，加快发展知识产权保险，构建知识产权运营中心，培育知识产权金融服务机构和人才
53		深圳市人民政府关于印发"互联网＋"行动计划的通知	2015.8	强化资本市场对互联网技术创新的支持，通过知识产权证券化、股权众筹融资等创新模式，支持企业转型升级和中小微企业发展，催生和促进互联网经济新业态
54		深圳市人民政府关于印发深圳国家自主创新示范区建设实施方案的通知	2015.7	探索知识产权证券化，推动知识产权实现资本化管理，引导创新主体把知识产权作为重要资产进行财务处置，形成知识产权资产报告，实现知识产权价值转化
55		广东省知识产权局《关于申报2011年度广东省知识产权局软科学研究计划项目》的通知	2011.3	知识产权证券化的法律问题研究
56	经济特区法规	深圳经济特区人才工作条例（2019年修正）	2019.9	鼓励知识产权证券化，创新知识产权投融资产品，引导企业科学核算和管理知识产权资产，完善知识产权信用担保制度，促进知识产权价值实现
57		深圳经济特区人才工作条例	2017.8	鼓励知识产权证券化，创新知识产权投融资产品，引导企业科学核算和管理知识产权资产，完善知识产权信用担保制度，促进知识产权价值实现

表 3-20　广西壮族自治区知识产权证券化相关政策文件统计

序号	效力级别	文件名称	发布日期	相关条款描述
1	地方规范性文件	广西壮族自治区人民政府关于印发中国（广西）自由贸易试验区建设实施方案的通知	2020.1	支持商业银行与创业投资、股权投资机构实现投贷联动。支持金融机构为科技企业提供知识产权证券化、知识产权质押、股权质押、债权融资等全方位金融服务，完善知识产权交易体系与交易机制
2	地方工作文件	广西壮族自治区人民政府关于印发广西技术转移体系建设实施方案的通知	2017.12	开展知识产权证券化融资试点，鼓励商业银行开展知识产权质押贷款业务。鼓励商业银行等融资机构开展科技成果信贷业务，促进银行信贷支持科技创新

表 3-21　四川省知识产权证券化相关政策文件统计

序号	效力级别	文件名称	发布日期	相关条款描述
1	地方规范性文件	四川省人民政府关于支持中国（四川）自由贸易试验区深化改革创新的实施意见	2019.5	支持有条件的自贸试验区片区积极争取知识产权证券化试点
2	地方工作文件	成都市人民政府办公厅关于印发 2018 年《政府工作报告》确定的主要目标任务责任分解方案的通知	2018.3	强化知识产权管理、保护和运用，建设成都知识产权交易中心、版权交易中心和高价值专利培育中心，探索知识产权证券化
3		四川省知识产权局《关于开展 2017 年度知识产权服务业统计调查工作》的通知	2017.6	知识产权商用化服务：包括知识产权评估服务，知识产权交易服务，知识产权转化服务，知识产权投融资服务，知识产权证券化服务，知识产权保险服务，知识产权担保服务以及其他知识产权商用化服务
4	省级地方性法规	中国（四川）自由贸易试验区条例	2019.5	自贸试验区有序探索知识产权证券化，完善知识产权质押等融资模式

表 3-22 云南省知识产权证券化相关政策文件统计

序号	效力级别	文件名称	发布日期	相关条款描述
1	地方规范性文件	文山州人民政府关于印发文山州进一步推广自由贸易试验区可复制改革试点经验实施方案的通知	2018.12	培育多元化知识产权金融服务市场，拓展知识产权质押融资，推进知识产权保险、知识产权证券化等试点
2	地方工作文件	昆明市人民政府关于印发昆明市全面深化服务贸易创新发展试点实施方案的通知	2020.12	推广专利权质押融资模式，完善知识产权担保机制，加大专利保险产品开发和推广力度，规范探索知识产权证券化
3		昆明市人民政府关于印发昆明市知识产权运营服务体系建设实施方案的通知	2020.8	推动发行知识产权证券化产品 1 单以上，促进高价值专利组合融资

表 3-23 陕西省知识产权证券化相关政策文件统计

序号	效力级别	文件名称	发布日期	相关条款描述
1	地方规范性文件	陕西省人民政府办公厅印发关于促进科技和金融结合若干意见任务分工的通知	2012.12	完善以知识产权质押、知识产权证券化等形式进行融资或直接投资的机制
2		陕西省人民政府关于进一步促进科技和金融结合的若干意见	2012.9	完善以知识产权质押、知识产权证券化等形式进行融资或直接投资的机制
3	地方工作文件	西安市人民政府关于深化中国（陕西）自由贸易试验区西安区域改革创新若干措施的通知	2019.9	支持探索知识产权证券化，积极跟进知识产权交易所建设进展，适时开发相关金融产品。探索建设国家知识产权运营公共服务平台，推动知识产权跨境交易，开展知识产权交易服务等业务
4		陕西省人民政府办公厅关于印发"一带一路"建设2019年行动计划的通知	2019.2	加强与国家相关部委的沟通汇报，积极推进陕西自由贸易试验区知识产权证券化交易所申报设立工作
5		西安市人民政府办公厅关于印发《西安市加快促进科技成果转移转化 20 条措施》的通知	2018.12	实施知识产权证券化试点，扩大知识产权质押贷款业务。支持投贷联动试点银行开展投贷联动业务，为高校院所孵化企业拓展融资渠道

续表

序号	效力级别	文件名称	发布日期	相关条款描述
6	地方工作文件	西安市人民政府关于印发《大西安（西安市-西咸新区）国民经济和社会发展规划（2017—2021年）》的通知	2018.3	积极探索知识产权质押融资登记制度和知识产权证券化
7		西安市人民政府办公厅关于印发《西安市知识产权十三五发展规划》的通知	2016.12	探索开展知识产权证券化融资，完善知识产权信用担保机制，探索实践投贷联动、投保联动等新模式
8		咸阳市人民政府关于印发《咸阳市促进科技与金融结合试点工作实施方案》的通知	2013.7	市银监局、市融资担保公司要完善以知识产权质押、知识产权证券化等形式进行融资或直接投资的机制

表3-24 甘肃省知识产权证券化相关政策文件统计

序号	效力级别	文件名称	发布日期	相关条款描述
1	地方规范性文件	平凉市人民政府关于印发《平凉市大力推进大众创业万众创新实施意见》的通知	2016.3	完善知识产权估值、质押及流转体系，加快发展知识产权金融，推动知识产权质押融资、知识产权证券化、专利保险等服务规范化、常态化、规模化发展
2		中共甘肃省委、甘肃省人民政府贯彻落实《中共中央、国务院关于深化体制机制改革加快实施创新驱动发展战略若干意见》的实施意见	2015.8	探索和规范发展服务创新的互联网金融，开展股权、知识产权众筹融资试点和知识产权证券化业务
3		中共甘肃省委、甘肃省人民政府贯彻落实《中共中央、国务院关于深化体制机制改革加快实施创新驱动发展战略若干意见》的实施意见	2015.8	探索和规范发展服务创新的互联网金融，开展股权、知识产权众筹融资试点和知识产权证券化业务
4		嘉峪关市人民政府办公室关于印发《嘉峪关市贯彻落实省政府〈关于提升甘肃省科技创新综合实力若干措施〉任务分解表》的通知	2020.9	积极探索通过天使投资、创业投资、知识产权证券化等方式推动科技成果资本化

续表

序号	效力级别	文件名称	发布日期	相关条款描述
5	地方工作文件	甘肃省人民政府办公厅印发《关于提升甘肃省科技创新综合实力若干措施》的通知	2020.6	积极探索通过天使投资、创业投资、知识产权证券化等方式推动科技成果资本化
6		中共甘肃省委、甘肃省人民政府贯彻落实《中共中央、国务院关于深化体制机制改革加快实施创新驱动发展战略若干意见》的实施意见（2018）	2018.12	探索和规范发展服务创新的互联网金融，开展股权、知识产权众筹融资试点和知识产权证券化业务
7		甘肃省人民政府关于印发甘肃省建设特色型知识产权强省试点省实施方案的通知	2016.11	探索建立知识产权证券化交易机制，支持拥有自主知识产权的企业通过资本市场直接融资
8		甘肃省人民政府关于印发《甘肃省新形势下加快知识产权强省建设实施方案》的通知	2016.8	探索建立知识产权证券化交易机制，支持拥有自主知识产权的企业通过资本市场直接融资
9		甘肃省人民政府关于印发《甘肃省大力推进大众创业万众创新实施方案》的通知	2015.12	完善知识产权估值、质押及流转体系，加快发展知识产权金融，推动知识产权质押融资、知识产权证券化、专利保险等服务规范化、常态化、规模化发展
10		天水市人民政府办公室关于印发《深入实施天水市知识产权战略行动计划（2015—2020年)》的通知	2015.10	探索知识产权资本化交易，探索建立市场化、专业化的知识产权交易机构，搭建完善专利技术交易平台，逐步开展知识产权证券化交易试点
11		甘肃省人民政府办公厅关于印发《深入实施甘肃省知识产权战略行动计划（2015—2020年)》的通知	2015.5	探索知识产权资本化交易，探索建立市场化、专业化的知识产权交易机构，搭建完善专利技术交易平台，逐步开展知识产权证券化交易试点

表 3-25 青海省知识产权证券化相关政策文件统计

序号	效力级别	文件名称	发布日期	相关条款描述
1	地方规范性文件	中共青海省委、青海省人民政府《关于深化体制机制改革加快创新驱动发展的实施意见》	2015.12	鼓励社会资本投资设立知识产权运营公司，开展知识产权收储、开发、组合、投资等服务，探索开展知识产权证券化业务，盘活知识产权资产，加快实现知识产权市场价值

表 3-26 海南省知识产权证券化相关政策文件统计

序号	效力级别	文件名称	发布日期	相关条款描述
1	地方性法规	《海南自由贸易港三亚崖州湾科技城条例》	2020.12	鼓励科技城推动知识产权证券化，完善知识产权交易体系与交易机制
2	地方规范性文件	中共海南省委关于制定国民经济和社会发展第十四个五年规划和二〇三五年远景目标的建议	2020.12	建设海南国际知识产权交易所，规范探索知识产权证券化
3	地方规范性文件	海南省人民政府关于印发《海南省促进知识产权发展的若干规定（修订）》的通知	2020.4	鼓励探索知识产权证券化，对试点成功发行的知识产权证券，每单给予不高于50万元奖励；对牵头组织单位给予不高于10万元奖励。本条适用于在海南省知识产权管理部门指导下，进行知识产权证券化探索的知识产权权利人和牵头单位
4	地方工作文件	海南省科学技术厅关于申报2018年海南省重点研发计划软科学方向第二批项目的通知	2018.5	知识产权证券化研究。围绕知识产权证券化的需求，开展对当前发达国家知识产权证券化成功经验、成熟做法研究，提出我省知识产权证券化的发展思路、政策措施、组织管理及运行机制等
5		海口市人民政府关于印发《海口市"十二五"知识产权发展规划》的通知	2011.8	研究制定中小企业知识产权质押管理办法，拓宽知识产权项目的投融资渠道。积极探索知识产权证券化机制，推动知识产权与金融创新的融合

表 3-27 重庆市知识产权证券化相关政策文件统计

序号	效力级别	文件名称	发布日期	相关条款描述
1	地方规范性文件	重庆市人民政府关于贯彻落实国务院支持自由贸易试验区深化改革创新若干措施的通知	2019.3	支持在有条件的自贸试验区开展知识产权证券化试点

续表

序号	效力级别	文件名称	发布日期	相关条款描述
2	地方规范性文件	重庆市人民政府关于新形势下加快知识产权强市建设的实施意见	2016.6	探索知识产权证券化新途径，支持拥有自主知识产权的企业通过资本市场直接融资
3	地方工作文件	重庆市知识产权局关于印发深化知识产权领域"放管服"改革营造良好营商环境工作方案的通知	2020.4	加快推进知识产权证券化试点
4	地方工作文件	重庆市人民政府办公厅关于印发《两江新区构建开放型经济新体制综合试点试验实施方案》的通知	2017.1	探索开展知识产权交易、产权物处置和收益管理改革试点，推进知识产权投融资及保险、风险投资、信托等金融服务，探索知识产权证券化
5	省级地方性法规	《中国（重庆）自由贸易试验区条例》	2019.9	完善知识产权价值评估体系，推动知识产权质押融资，探索知识产权证券化

第 4 章 需求分析

4.1 我国知识产权发展状况

创新是发展的不竭动力，国家的发展离不开创新。近些年，为了维护公平竞争和促进科学技术创新发展，知识产权成为人们关注的热门话题，知识产权制度对推动国家创新技术高效发展的作用也日益凸显，作为市场经济的基石，产权保护的好坏程度直接影响国家在国际竞争中的地位。在新一轮科技革命大背景下，发展中国家想要实现真正意义上的创新发展就必须重视知识产权保护。

目前，世界知识产权制度是一个多层次复杂体系，美国、欧洲、日本等发达国家和地区不断制定高标准严要求的知识产权保护条款来宣示主权，以维持其在高科技领域以及文娱方面的优势，发展中国家则希望形成以发展为前提的知识产权规则，大力促成知识产权与公共利益的平衡。为了更加具体说明国际知识产权的分布现状，基于 WIPO 国际专利数据库，将近几年 PCT 国际专利申请量排名前 10 名的国家进行了数据统计，并进行了数据比较，如图 4-1 所示，图中当年的变化趋势图由（当年专利申请数量-上一年专利申请数量）/上一年专利申请数量得出，具体变化率见右侧坐标轴。

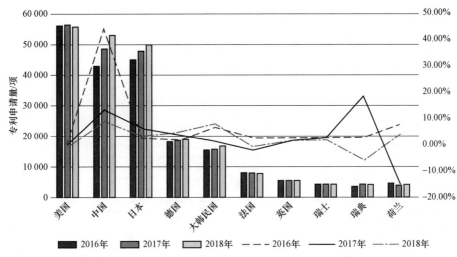

图 4-1　PCT 国际专利申请量前 10 的国家申请量及其变化趋势
（图片来源：见文献［2］）

由图 4-1 可以看出，2016—2018 年，知识产权研究总体呈现稳步上升趋势，虽然目前发达国家和发展中国家在国际知识产权发展中地位悬殊，但是以大型新兴经济体为代表的发展中国家在国际知识产权市场上承担着越来越重要的角色。事实证明，一个国家的知识产权发展速度和在国际上对知识产权的保护强度，直接影响到其国内的创新环境和经济的可持续增长，从而影响企业的国际竞争力和贸易条件；在国际上，知识产权外交已经成为各国获取利益的有效途径。为了实现本国知识产权方面的利益最大化，各国都采取经济和政治相结合的方式来推动国际知识产权规则朝着有利于本国利益的方向发展。

我国在知识产权保护领域的研究和发达国家相比还处于发展阶段。由于发展形势不断变化，其带来了更大难度且不断更新的知识产权保护问题。为充分体现知识产权保护制度对创新经济的促进作用，2018 年我国对知识产权执法体系做出了全面调整，组建国家市场监督管理总局，统筹配置关于产权保护方面的行政处罚职能和执法资源。这一举措在提升知识产权执法效能的同时，在维护现代市场体系有序竞争方面起到监督作用。目前我国知识产权的发展呈现出行政执法与司法保护并行、以合作竞争与互利共赢为经济导向的总特征。

将我国知识产权发展现状与国际比较可以发现，我国知识产权发展状况世界排名提升迅速,如图4-2所示。由图4-2可以看出,美国、日本、韩国在2012—2016年的5年内稳居前3位,在这期间,我国以平均每年提升3个位次的速度从第19位升至第10位;从排名可以看出,我国知识产权的总体水平尤其是知识产权的保护运用水平快速提升。

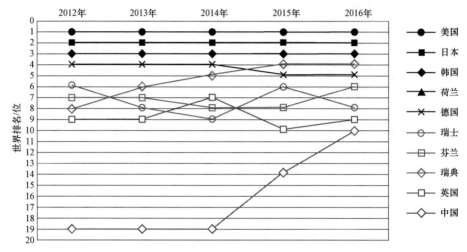

图4-2 2012—2016年主要国家知识产权发展状况指数排名情况
(图片来源:见文献[2])

根据《2017年中国知识产权发展状况评估报告》显示,我国知识产权能力指标、知识产权绩效指标、知识产权环境指标均较上一年度有所提升,在知识产权能力方面的国际排名稳步提升,并在可以预见的时间内,将在较长一段时期内继续处于相对领先地位;我国在知识产权绩效方面的国际排名也将继续保持相对稳定;我国知识产权环境处于持续优化进程之中。我国的知识产权保护环境与世界先进国家相比还存在一些差距,需在今后的一段时期内加以完善。

4.1.1 专利发展状况

自1985年《中华人民共和国专利法》实施以来,我国专利制度有了长足发展,每年专利的申请数量以及申请授权量不断增加,对我国的经济发展、社会进步和人们生活水平的提高做出了巨大贡献(表4-1)。习近平总书记在2014年中央经济工作会议上指出,创新不是发论文、申请到专利就大功告成了,创新必须落实到创造新的增长点上,把创新成果变成实实在在的产业活动。专利的运用是发挥专利市场价值的重要一步,是创新推动经济高质量发展的具体表现。

表 4-1 国内专利总量统计表　　　　　　　　　　单位:项

年份/年	类型	申请数	授权数	有效专利数	国防专利 申请数	国防专利 授权数	国防专利 有效数	PCT 专利申请受理数
2020	发明	1 344 817	440 691	2 279 123	20 102	6627	52 657	66 948
	实用新型	2 918 874	2 368 651	6 895 886				
	外观设计	752 339	711 559	2 061 859				
	总计	5 016 030	3 520 901	11 236 868				
2019	发明	1 243 568	360 919	1 926 122	15 521	6 188	48 265	56 796
	实用新型	2 259 765	1 574 205	5 214 363				
	外观设计	691 771	539 282	1 671 587				
	总计	4 195 104	2 474 406	8 812 072				
2018	发明	1 393 815	345 959	1 662 269	14 043	5 748	43 634	51 893
	实用新型	2 063 860	1 471 759	4 359 926				
	外观设计	689 097	517 693	1 495 596				
	总计	4 146 772	2 335 411	7 517 791				
2017	发明	1 245 709	326 970	1 413 911	12 542	7 243	40 964	47 492
	实用新型	1 679 807	967 416	3 563 389				
	外观设计	610 817	426 442	1 346 915				
	总计	3 536 333	1 720 828	6 324 215				

资料来源:根据国家知识产权局网站资料自行统计

由表 4-1 可以看出,2017—2020 年,专利申请总数量增加了 41.84%,其中,实用新型专利增加了 1 239 067 项,在 3 种专利类型申请数量中增长最多。2020 年发明专利申请数量比 2017 年增加了 99 108 项,外观设计专利数量增加了 141 522 项。专利授权总数量增加了 104.60%,其中,实用新型专利数量增加了 1 401 235 项,在 3 种专利类型授权数量中依然是增长最多的;外观设计类专利次之,增加了 285 117 项;发明专利增加了 113 721 项。有效专利总数量增加了 77.68%,其中,增加数量最多的为实用新型专利,增加数量为 3 332 497 项;发明专利的增加数量为

865 212 项；外观设计专利的增加数量为 714 944 项。对于国防专利，申请数量增加了 60.28%，授权数量减少了 8.5%，国防专利有效数量增加了 28.54%。PCT 专利申请受理数增加了 40.97%。综上所述，实用新型专利近 4 年的申请数量、授权数量和有效专利数量增加幅度和现有总数量最多，有效专利数量次之，发明专利数量最少。按照专利申请人和专利权人类型的不同，我国专利申请、授权和有效专利数量具体如下。

1. 分申请人类型国内专利申请现状

为了对国内专利申请的现状有更进一步的了解，我们对从国家知识产权局网站上获取到的数据进行整理，其结果见表 4-2。

表 4-2 分申请人类型国内专利申请统计表

年份/年	类型		职务				非职务
			大专院校	科研机构	企业	事业单位	个人
2020	发明	当年累计/项	226 090	69 564	898 925	19 425	130 813
		构成/%	16.81	5.17	66.84	1.44	9.73
	实用新型	当年累计/项	169 208	27 789	2 133 461	61 503	526 913
		构成/%	5.80	0.95	73.09	2.11	18.05
	外观设计	当年累计/项	24 144	1 618	413 128	2 449	311 000
		构成/%	3.21	0.22	54.91	0.33	41.34
	合计	当年累计/项	419 442	98 971	3 445 514	83 377	968 726
		构成/%	8.36	1.97	68.69	1.66	19.31
2019	发明	当年累计/项	244 673	63 043	807 813	20 543	107 496
		构成/%	19.70	5.10	65.00	1.70	8.60
	实用新型	当年累计/项	156 505	24 621	1 646 655	56 671	375 313
		构成/%	6.90	1.10	72.90	2.50	16.60
	外观设计	当年累计/项	293 349	1 401	366 197	3 159	291 665
		构成/%	4.20	0.20	52.90	0.50	42.20
	合计	当年累计/项	430 527	889 065	2 820 665	80 373	774 474
		构成/%	10.30	2.10	67.20	1.90	18.50

续表

年份/年	类型		职务				非职务
			大专院校	科研机构	企业	事业单位	个人
2018	发明	当年累计/项	226 628	57 959	896 648	20 865	191 715
		构成/%	16.30	4.20	64.30	1.50	13.70
	实用新型	当年累计/项	153 193	23 676	1 476 090	46 056	364 845
		构成/%	7.40	1.10	71.50	2.30	17.70
	外观设计	当年累计/项	17 507	1 390	372 217	2 795	285 188
		构成/%	4.00	0.20	54.00	0.40	41.40
	合计	当年累计/项	107 328	83 025	2 744 955	69 716	841 748
		构成/%	9.80	2.00	66.20	1.70	20.30
2017	发明	当年累计/项	179 879	53 308	788 194	22 389	201 939
		构成/%	14.40	4.30	63.30	1.80	16.20
	实用新型	当年累计/项	135 481	22 089	1 158 372	32 648	331 217
		构成/%	8.10	1.30	69.00	1.90	19.70
	外观设计	当年累计/项	20 825	1 183	315 202	2 660	270 947
		构成/%	3.40	0.20	51.60	0.40	44.40
	合计	当年累计/项	336 185	76 580	2 261 768	57 697	804 103
		构成/%	9.50	2.20	64.00	1.60	22.70

资料来源：根据国家知识产权局网站资料自行统计

由表 4-2 可以看出，从职务与非职务的角度来看，国内专利申请的主力军主要集中在职务部门，职务部门 2017—2019 年申请总数占总申请量的比重均超过 70%，并且有逐年上升的趋势，2017 年占申请总数比重的 77.30%，2018 年占申请总数比重的 79.70%，2019 年占申请总数比重的 81.50%，2020 年占申请总数比重的 80.69%；对职务部门进行细分，可以划分为大专院校、科研机构、企业和事业单位，从表 4-2 中的数据可以看出，在职务部门，企业的专利申请数量遥遥领先，而且企业专利申请数量不仅在职务部门遥遥领先，在整体专利申请数量中的比重也最大，且有逐年增加的趋势，2017 年企业申请专利数量占总体专利申请数量的 64%，2018 年企业申请专利数量占总体专利申请数量的 66.20%，2020 年企业申请专利数量占总体专利申请数量的67.20%,2020年企业申请专利数量占总体专利申请数量的68.69%。这说明企业在推动技术发展、推动创新方面发挥着积极作用。就非职务部门来看,在个人申请的专利类型中,外观设计型专利占比最大,说明在个人进行专利创新时,更倾向于在外观设计方面进行创新,或者说人们更加注重外观设计方面的专利权。

从专利申请类型的角度来看,专利申请的类型大致分为3种:发明专利、实用新型专利和外观设计专利。从占比情况来看,无论是发明专利、实用新型专利还是外观设计专利,企业专利申请占比皆位于首位,且均超过50%,最低为51.60%,最高为73.09%;个人专利申请数量的占比紧随其后,最高占比可达42.20%;大专院校专利申请数量占比在3类专利申请数量中的占比均为第3位,且相较于实用新型和外观设计方面的占比,大专院校在发明专利方面的占比较大,这说明大专院校在专利申请方面更侧重于发明专利的申请,这一点与企业和个人在申请专利时的侧重点有所不同;科研机构和事业单位专利申请占比较小,事业单位占比最高不超过5%,科研机构占比最高为5.1%。

2. 分专利权人类型国内专利授权现状

专利权人可以划分为大专院校、科研机构、企业、事业单位和个人5种类型,5种类型的专利权人的专利授权数量及占比,见表4-3。

表4-3 分专利权人类型国内专利授权统计表

年份/年	类型		职务				非职务
			大专院校	科研机构	企业	事业单位	个人
2020	发明	当年累计/项	118 675	31 349	268 366	5 377	16 924
		构成/%	26.93	7.11	60.90	1.22	3.84
	实用新型	当年累计/项	162 615	26 134	1 822 840	49 849	307 213
		构成/%	6.87	1.10	76.96	2.10	12.97
	外观设计	当年累计/项	22 381	1 493	395 975	2545	289 165
		构成/%	3.15	0.21	55.65	0.36	40.64
	合计	当年累计/项	303 671	58 976	2 487 181	57 771	613 302
		构成/%	8.62	1.68	70.64	1.64	17.42

续表

年份/年	类型		职务				非职务
			大专院校	科研机构	企业	事业单位	个人
2019	发明	当年累计/项	91 188	26 798	222 439	3 936	16 558
		构成/%	25.30	7.40	61.60	1.10	4.60
	实用新型	当年累计/项	106 453	20 967	1 234 065	39 504	173 216
		构成/%	6.80	1.30	78.40	2.50	11.0
	外观设计	当年累计/项	20 050	1 121	300 602	2 472	215 037
		构成/%	3.70	0.20	55.70	0.50	39.90
	合计	当年累计/项	217 691	48 886	1 757 106	45 912	404 811
		构成/%	8.80	2.00	71.00	1.90	16.40
2018	发明	当年累计/项	74 893	20 508	222 287	5 088	23 183
		构成/%	21.60	5.90	64.30	1.50	6.70
	实用新型	当年累计/项	103 671	18 773	1 143 867	18 199	187 249
		构成/%	7.10	1.30	77.70	1.20	12.70
	外观设计	当年累计/项	15 436	1 046	288 903	1 444	210 864
		构成/%	3.00	0.20	55.80	0.30	40.70
	合计	当年累计/项	194 000	40 327	1 655 057	14 731	421 296
		构成/%	8.30	1.70	70.90	1.10	18.00
2017	发明	当年累计/项	75 693	22 369	200 804	4 711	23 393
		构成/%	23.10	6.80	61.40	1.40	7.20
	实用新型	当年累计/项	83 497	14 617	713 043	13 969	142 290
		构成/%	8.60	1.50	73.70	1.40	14.70
	外观设计	当年累计/项	11 231	819	222 582	888	190 922
		构成/%	2.60	0.20	52.20	0.20	44.80
	合计	当年累计/项	170 421	37 805	1 136 429	19 568	356 605
		构成/%	9.90	2.20	66.00	1.10	20.80

资料来源：根据国家知识产权局网站资料自行统计

由表4-3可以看出，职务部门的专利授权数量和占比远超非职务部门，是专利授权的主力军，2017年，职务部门专利授权数量达到1 364 223项，占总授权量的79.20%；2018年，职务部门专利授权数量达到1 904 115项，占总授权量的82%；2019年，职务部门专利授权数量为2 069 595项，占总授权量的83.60%。可以看出，职务部门专利授权数量在不断增加，而且占比也越来越大。就个人授权专利数量和占比来言，个人授权专利数量占比最大的类型依然是外观设计类专利，这与个人专利授权数量占比最大的是外观设计类专利相一致。但是所占比例有轻微下降，这一方面可能是因为个人专利授权的数量有所减少；另一方面可能是因为其他类型的专利权人授权专利数量增加导致专利授权总量增加导致的。结合表4-3可以发现，外观设计类专利个人授权数量每年都呈上升趋势，2017年为190 922项，2018年为210 864项，2019年为215 037项，2020年为289 165项，所以导致外观设计类专利个人授权数量占比降低的原因是其他类型的专利权人授权专利数量增加导致专利授权总量增加，进而导致外观设计类专利个人授权数量占比降低。

从专利权人类型的角度出发，专利授权数量和占比排名前3位的分别是企业、个人和大专院校。企业专利授权数量最多，占比最大，2017年授权数量为1 136 429项，占比66%；2018年授权数量为1 655 057项，占比70.90%；2019年授权数量为1 757 106项，占比71%，2020年授权数量为2 487 181，占比70.64%。2017年个人专利授权数量为356 605项，占比20.80%；2018年个人专利授权数量为421 296项，占比18%；2019年个人专利授权数量为404 811项，占比16.40%；2020年个人专利授权数量为613 302，占比17.42%。大专院校2017年专利授权数量为170 421项，占比9.90%；2018年大专院校专利授权数量为194 000项，占比8.30%，2019年大专院校专利授权数量为217 691项，占比8.80%，2020年大专院校专利授权数量为303 671，占比8.62%。科研机构和事业单位专利授权占比偏低，科研机构占比最高为7.40%，最低为0.20%；事业单位最高占比为2.50%，最低为0.20%。

3. 分专利权人类型国内有效专利现状

以下按照专利权人的不同，对国内有效专利的现状进行分类统计，见表4-4。

表 4-4 分专利权人类型国内有效专利统计表

年份/年	类型		职务				非职务
			大专院校	科研机构	企业	事业单位	个人
2020	发明	当年累计/项	442 523	165 253	1 556 937	19 094	95 316
		构成/%	19.42	7.25	68.31	0.84	4.18
	实用新型	当年累计/项	360 477	99 097	5 701 368	91 747	643 197
		构成/%	5.23	1.44	82.68	1.33	9.33
	外观设计	当年累计/项	643 197	5 058	1 270 163	5 428	736 889
		构成/%	24.17	0.19	47.74	0.20	27.69
	合计	当年累计/项	1 446 197	269 408	8 528 468	116 269	1 475 402
		构成/%	12.22	2.28	72.06	0.98	12.47
2019	发明	当年累计/项	348 254	127 268	1 332 170	22 226	96 204
		构成/%	18.10	6.60	69.20	1.20	5.00
	实用新型	当年累计/项	240 671	71 012	4 360 694	65 853	476 133
		构成/%	4.60	1.40	83.00	1.30	9.10
	外观设计	当年累计/项	33 203	3 800	1 030 039	4 294	600 251
		构成/%	2.00	0.20	61.60	0.30	35.90
	合计	当年累计/项	622 128	202 080	6 722 903	92 373	1 172 588
		构成/%	7.10	2.30	76.30	1.00	13.30
2018	发明	当年累计/项	297 879	112 263	1 129 594	19 380	103 153
		构成/%	17.90	6.80	68.00	1.20	6.20
	实用新型	当年累计/项	214 377	63 782	3 569 078	42 178	470 511
		构成/%	4.90	1.50	81.90	1.00	10.80
	外观设计	当年累计/项	25 697	3 362	901 112	3 084	562 341
		构成/%	1.70	0.20	60.30	0.20	37.60
	合计	当年累计/项	537 953	179 407	5 599 784	64 642	1 136 005
		构成/%	7.20	2.40	74.50	0.90	15.10

续表

年份/年	类　　型		职　　务				非职务
			大专院校	科研机构	企业	事业单位	个人
2017	发明	当年累计/项	258 399	100 274	938 336	16 430	100 472
		构成/%	18.30	7.10	66.40	1.20	7.10
	实用新型	当年累计/项	194 581	56 795	2 823 828	35 298	452 887
		构成/%	5.50	1.60	79.20	1.00	12.70
	外观设计	当年累计/项	23 347	2 953	777 397	2 647	540 571
		构成/%	1.70	0.20	57.70	0.20	40.10
	合计	当年累计/项	476 327	160 022	4 539 561	54 375	1 093 930
		构成/%	7.50	2.50	71.80	0.90	17.30

资料来源：根据国家知识产权局网站资料自行统计

由表4–4可以看出，职务部门2017年有效专利数量达到5 230 285项，占比82.70%；2018年有效专利数量达到6 381 786项，占比约85%；2019年有效专利申请数量达到7 639 484项，占比86.7%，2020年有效专利申请数量达到10 360 642项，占比87.53%。非职务部门有效专利数量2017年为1 093 930项，占比17.3%；2018年有效专利数量为1 136 005项，占比15.10%；2019年有效专利数量为1 172 588项，占比13.30%，2020年有效专利数量为1 475 402项，占比12.47%。企业有效专利占比最大，有效专利数量2017年为4 539 561项，占比71.80%；2018年有效专利数量达到5 599 784项，占比74.50%；2019年有效专利数量达到6 722 903项，占比76.30%，2021年有效专利数量达到8 528 468项，占比72.06%。大专院校有效专利占比仅次于企业和个人，2017年有效专利476 327项，占比7.50%；2018年有效专利数量为537 953项，占比7.20%；2019年有效专利数量为622 128项，占比7.10%，2020年有效专利数量为1 475 402项，占比12.47%。科研机构和事业单位有效专利占比最小，科研机构2017年有效专利数量为160 022项，占比2.50%；2018年有效专利数量为179 407项，占比2.40%；2019年有效专利数量达到202 080项，占比2.30%，2020年有效专利数量达到269 408

项，占比 2.28%。事业单位 2017 年有效专利 54 375 项，占比 0.90%；2018 年有效专利 64 642 项，占比 0.90%；2019 年有效专利为 92 373 项，占比 1%，2020 年有效专利为 116269 项，占比 0.98%。

综上所述，企业无论在专利申请数量、专利授权数量还是在有效专利数量方面，均占用绝大多数比例，这说明企业在专利申请、专利授权、专利创新方面发挥着积极作用，个人和大专院校在专利申请、授权和拥有有效专利方面还有较大的发展空间，科研机构和事业单位在专利申请方面还需要进一步努力，增加专利申请、授权和有效专利数量和专利占比，积极推动创新发展。此外，从专利主体的角度出发，不同的专利主体对专利类型的侧重点不同，企业对于发明专利、实用新型专利和外观设计类专利 3 种类型专利的发展比较均衡，轻微侧向于实用新型专利；个人主要侧向与外观设计类专利的研究；大专院校和科研机构主要倾向于发明专利的研究；事业单位主要倾向于发明专利和实用专利的研究，外观设计类研究较少。

4. 专利实施现状

据《2020 年中国专利调查报告》显示，2020 年我国专利实施状况总体平稳，专利布局意识整体良好，高校和科研单位专利运用仍有较大提升空间，信息不对称是制约专利权有效实施的最主要因素。

专利实施状况整体向好。2017 年以来，有效专利实施率从 50.3% 逐步上升至 2020 年的 47.8%，专利实施状况稳中有升。从发明专利来看，2020 年有效发明专利实施率为 50.7%、产业化率为 34.7%、许可率为 8.2%、转让率为 6.2%，比 2019 年依次分别提升 1.2%、1.8%、2.7%、1.6%，发明专利实施状况总体平稳。

2020 年我国遭遇过专利侵权的专利权人占比为 10.8%，较 2015 年下降 3.7 个百分点，总体呈下降趋势。表明"十三五"时期我国知识产权保护环境持续向好，我国专利侵权易发多发现象得到有效遏制。

2020 年我国企业专利权人遭遇侵权后采取维权措施的比例为 73.9%，比 2015 年增加 12.1 个百分点，近年来该比例连续提升。充分显示"十三五"时期，我国专利权人维权意识持续增强，在遭遇侵权后能够积极采取维权措施维护正当权益。

2020 年我国专利侵权诉讼法院判定赔偿、诉讼调解或者庭审和解金额中 100

万元以上的占比为7.3%，较2015年增加4.4个百分点，近五年该比例整体呈现增长态势。表明"十三五"时期随着我国知识产权惩罚性赔偿制度的建立和完善，知识产权侵权违法成本不断提高。

企业专利权人开展过合作创新的比例为78.3%。其中，52.1%的企业专利权人与上下游企业及客户开展过合作，34.9%与同行业企业开展过合作，27.5%与高校或科研单位开展过产学研合作。从企业专利权人开展产学研合作比例来看，国家高新技术企业为40.5%，是非高新技术企业的1.9倍。

38.2%的企业专利权人预计未来一年专利实施收益将有所增长，35.1%预计收益基本不变，仅3.8%预计收益将有所下降，选择"不清楚"的比例为22.9%。我国企业专利权人总体看好未来专利实施收益增长。

专利转移转化指数（PTI）由有效发明专利产业化率、许可率、转让率、作价入股比例、专利价值情况等分项指标数据根据年度变化情况标准化后加权求和而成。PTI指数以50作为荣枯线，高于50时，反映专利转移转化活动更加活跃；低于50时，反映专利转移转化活动萎缩。测算显示，2020年PTI指数为54.7，在荣枯线50以上，比上年提高3.6，保持在合理上升区间，表明我国有效专利转移转化活跃度不断提升

综上所述，为进一步提升专利运用水平，促进专利价值实现，提出如下3个方面的建议：一是建立专利交易许可相关信息披露和传播机制，鼓励利用人工智能、区块链等技术手段，提升专利交易许可效率，进一步降低专利交易许可成本和周期；二是注重发挥高质量创新政策引导作用，加快实现国家科技创新政策体系从专利数量激励向质量激励的转变；三是重点加强高校、科研单位的科技成果转移转化体系建设，进一步推动产学研深度融合，围绕企业的技术需求和产业方向，激发高校、科研单位科技成果"转"出创新发展新动能。

4.1.2 版权发展现状

1979年4月，国家出版局向国务院递交了一份关于中国起草版权法并加入《国际版权公约》的报告，启动了新中国版权法的起草工作。经过40多年的发展，中国逐步建立起了一套符合国情和国际规则的版权保护体系，法律制度不断完善，

执法机制不断健全，服务体系不断加强，为文学、艺术和科学作品的创作与传播提供了法律支持和环境保障。

版权贸易不仅有利于促进各国之间的文化交流，同时对出版业的繁荣发展有积极的作用，近年来我国的版权贸易呈现出了逐步攀升的情况，通过中外文化的交流来弘扬主旋律，传播更加先进的思想和文化，在不断的交流和碰撞之中占据优势，促进出版业的健康长足发展。目前我国的对外版权贸易中，引进数量远超于输出的数量，见表4-5。

表4-5 全国版权信息汇总表　　　　　　　　　　单位：项

年份/年	类型	图书	录音制品	录像制品	电子出版物	软件	电影	电视节目	期刊	其他	合计
2019	输出版权汇总	13 680	290	8	838						14 816
	引入版权汇总	15 684	78	204	11						15 977
	版权合同登记数	16 144	1 563		296	1 156			74	1 080	20 313
2018	输出版权汇总	10 873	214		743	19	1	928			12 778
	引入版权汇总	16 071	125	192	214	114	15	98			16 829
	版权合同登记数	16 600			420	1 045			85		18 150
2017	输出版权汇总	10 670	322	102	1 557	8	2	1 152		3	13 816
	引入版权汇总	17 154	147	364	372	12	10	61			18 120
	版权合同登记数	16 526	1 860		424	869				227	20 015

资料来源：根据国家版权局网站资料自行统计

由表 4-5 可以看出，2017 年，我国输出版权总计 13 816 项，引入版权总计 18 120 项，版权合同登记数为 20 015 项。在输出版权方面，图书版权输出数量最多，为 10 670 项，占比 77.23%；电子出版物输出版权数量位于第 2 位，为 1 557 项，占比 11.27%；电视节目输出版权数量为 1 152 项，占比 8.34%，位于第 3 位。在引入版权方面，前 3 位排名依次为图书、电子出版物和录像制品，图书引入版权数量为 17 154 项，占比 94.67%；电子出版物引入版权数量为 372 件，占比 2.05%；录像制品引入版权数量为 364 件，占比 2%。在版权合同登记方面，图书类版权合同数量为 16 526 项，占比 82.57%，位于第 1 位；音像制品版权合同数为 1 860 项，占比 9.29%，位于第 2 位；软件类位于第 3 位，数量为 869 项，占比 4.34%。

2018 年，我国输出版权总计 12 778 项，引入版权总计 16 829 项。版权合同登记数达到 18 150 项。在输出版权中，前 3 名为占输出版权总数 85.09% 的输出图书版权、占 5.81% 的电子出版物版权、占 7.26% 的电视节目版权，三者总计占输出版权总数的 98.17%；在引入版权中，图书版权占比 95.50%，电子出版物占比 1.27%，录像制品占比 1.14%，三者合计占引入版权总数的 97.91%。在版权合同登记方面，图书类版权合同登记居于首位，为 16 600 项。占比 91.46%；软件类版权合同登记数量位居第 2 位，为 1 045 项，占比 5.76%；电子出版物版权登记合同位于第 3 位，数量为 420 项，占比 2.31%。

2019 年，我国输出版权总计 14 816 项，引入版权总计 15 977 项。版权合同登记数达到 20 313 项。在输出版权中，前 3 名为输出图书版权，占输出版权总数的 92.33%、电子出版物版权占 5.66%、录音制品版权占 1.96%，三者总计占输出版权总数的 98.95%；在引入版权中，图书版权占比 98.17%，录像制品占比 1.28%，录音制品占比 0.49%，三者合计占引入版权总数的 99.93%。在版权合同登记方面，图书类版权合同登记居于首位，为 13 680 项。占比 92.33%，电子出版物版权合同登记数量位居第 2 位，为 838 项，占比 5.66%，音像制品版权登记合同位于第 3 位，数量为 290 项，占比 1.96%。

在输出版权方面，主要以图书、电视节目、电子出版物和录音制品类版权为主；在引入版权方面，主要引入的是图书、音像制品和电子出版物的版权，对软件、电影、电视节目的版权引入较少；版权合同登记主要是对图书、音像制品和电子出版物版权合同进行登记。

从整体看，图书在输出版权数量、引入版权数量和版权合同登记数量方面均位居榜首，这说明我国的版权在图书行业的发展比较活跃，也可以理解为大众对于图书版权比较重视；其余音像制品、电子出版物、软件、电影行业的版权发展有待进一步提高。

1. 输出版权发展现状

为了进一步了解我国输出版权的发展现状，按照输出国家和地区以及输出版权类型对2017—2018年全国输出版权的数据进行整理，见表4-6。

表4-6　全国输出版权汇总表　　　　单位：项

国家	年份/年	类型								合计
		图书	录音制品	录像制品	电子出版物	软件	电影	电视节目	其他	
美国	2018	912			273			43		1 228
	2017	592			525			95	1	1 213
英国	2018	476			16			41		533
	2017	421			24	1		50		496
德国	2018	435	29		2			41		507
	2017	421			26			50	1	498
法国	2018	244					1	41		286
	2017	172						50		222
俄罗斯	2018	452	25							477
	2017	306	2					1		309
加拿大	2018	103						123		226
	2017	222						51		273
新加坡	2018	334			26			70		430
	2017	254			9	1		99		363

续表

国家	年份/年	图书	录音制品	录像制品	电子出版物	软件	电影	电视节目	其他	合计
日本	2018	408	12		4					424
	2017	327			3					330
韩国	2018	512	2		73					587
	2017	490	25		25					540
香港地区	2018	535	115		45	1		109		805
	2017	339	168	100	514			56		1 177
澳门地区	2018	25				1		41		67
	2017	87			4			50		141
台湾地区	2018	1 449			59	1		43		1 552
	2017	1 909	16		58			52		2 035
其他	2018	4 988	31		245	16		376		5 656
	2017	5 130	111	2	369	6	2	598	1	6 219
输出版权总数（项）	2010	13 680	290	8	838					14 816
	2018	10 873	214		743	19	1	928		12 778
	2017	10 670	322	102	1 557	8	2	1 152	3	13 816

资料来源：根据国家版权局网站资料自行统计

由表 4-6 可以看出，从输出版权的类型来看，我国版权输出主要集中在对图书、电子出版物和电视节目的版权输出方面，其中图书版权输出最多，2017 年输出图书版权总数为 10 670 项，2018 年输出图书版权总数为 10 873 项，2019 年输出图书版权总数为 13 680 项；对于电子出版物版权的输出，2017 年版权输出总数为 1 557 项，2018 年版权输出总数有所降低，为 743 项；2019 年版权输出总数为 838；对于电视节目的版权输出，2017 年版权输出为 1 152 项，2018 年降低为 928 项。录音制品在 2017 年输出版权 322 项，2018 年输出版权 214 项，2019 年输出版权 290 项；2017 年，录像制品版权输出 102 项，其中向香港地区输出了 100 项；软件和电影的版权输出最少，2017 年软件版权输出 8 项，电影版权输出 2 项，2018 年软件版权输出 19 项，电影版权输出 1 项。

结合版权输出地区来看，图书版权对表中所有国家和地区都有输出，并且输出数量相对于其他类型的版权最多。录音制品主要输出的国家和地区是，2017 年向俄罗斯输出 2 项，韩国输出 25 项，香港地区输出 168 项，台湾地区 16 项；2018 年向德国输出 29 项，向俄罗斯输出 25 项，日本输出 12 项，韩国输出 2 项，香港地区输出 115 项；2019 年向香港地区输出 253 项，韩国输出 3 项，澳门地区输出 1 项，台湾地区输出 10 项；可以发现，我国 2017 年和 2019 年录音制品版权的主要输出地是香港地区，录像制品也主要集中在香港地区。电子出版物版权输出除去法国、俄罗斯、加拿大，对于表 4-6 中其他国家和地区都有输出，并且从表中可以看出，电子出版物版权输出主要集中于美国，2017 年向美国输出电子出版物版权 525 项，2018 年为 273 项，2019 年为 389 项。软件版权输出非常少，2017 年仅在英国和新加坡各输出 1 项，2018 年在香港地区、澳门地区和台湾地区各输出 1 项。2018 年电影版权在法国输出 1 项，电视节目版权除了没有向日本、韩国地区输出以外，表中其他国家和地区均有输出。

2. 引入版权发展现状

引入其他国家和地区的版权，有助于促进我国的文化发展，同时有利于为人民提供了解世界文化、学习和借鉴国外先进科学技术和知识的窗口，我国引入版权情况见表 4-7。

表 4-7 我国引入版权情况　　　　　　　　　单位：项

国家	年份/年	类型							合计
		图书	录音制品	录像制品	电子出版物	软件	电影	电视节目	
美国	2019	4 234	15	73					4 322
	2018	4 833	27	104	42	22	3	16	5 047
	2017	6 217	41	239	126	1	2	19	6 645

续表

国家	年份/年	类型							合计
		图书	录音制品	录像制品	电子出版物	软件	电影	电视节目	
英国	2019	3 409	3	7	1				34 20
	2018	3 317	26	11	99	11	1	31	3 496
	2017	2 835	23	17	80			36	2 991
德国	2019	1 225	3	6					1 234
	2018	844	9	15	2	4	2	5	881
	2017	933	2	11	3			2	951
法国	2019	1 046	2	8					1 056
	2018	970	5	9	21	7		12	1 024
	2017	1 133	2	11	14		4		1 164
俄罗斯	2019	75		7					82
	2018	78	0			3		2	83
	2017	90	0	1	2				93
加拿大	2019	103		5					108
	2018	117				7		3	127
	2017	156	0	5	9				170
新加坡	2019	236	22	6					264
	2018	222	1	2		1		2	228
	2017	249	5	0	3	1		1	259
日本	2019	2 162	4	52	6				2 224
	2018	1 993	13	17	19	19	6	8	2 075
	2017	2 101	25	54	46	4	1	1	2 232
韩国	2019	404				3			407
	2018	120			1	3			124
	2017	168	1	4	10				183

续表

国家	年份/年	类型							合计
		图书	录音制品	录像制品	电子出版物	软件	电影	电视节目	
香港地区	2019	203	10	3					216
	2018	236	23	6				1	266
	2017	139	15	3	6	2			165
澳门地区	2019	3							3
	2018	1							1
	2017	0	0	0					0
台湾地区	2019	797	19						816
	2018	798	12	1	5	6		2	824
	2017	917	18	0	9	2			946
其他	2019	1 787	19						1 825
	2018	2 542	9	27	25	31	3	16	2 653
	2017	2 216	15	19	64	2	3	2	2 321
输出版权总数（项）	2019	15 684	78	204	11				15 977
	2018	16 071	125	192	214	114	15	98	16 829
	2017	17 154	147	364	372	12	10	61	18 120

资料来源：根据国家版权局网站资料自行统计

由表4-7可以看出，相较于我国版权输出集中在个别类型产品的版权上，我国引入版权涉及的版权类型较为全面，每种类型的版权都有涉及。和输出版权一样，在引入的版权中，图书版权的引入数量最多，2017年图书版权引入数量为17 154项，2018年图书版权引入数量为16 071项，2019年图书版权引入数量为15 684项，略有所下降。其次是电子出版物版权的引入数量，2017年引入电子出版物的数量为372项，2018年引入数量为214项，2019年引入数量为11项，有明显下降趋势。录像制品版权引入数量位于第3位，2017年录像制品版权引入数量为364项，2018年录像制品版权引入数量为192项，2019年录像制品版权引入数量为204项。版权引入数量第4位的是录音制品，2017年录音制品版权引入数量为147项，2018年引入数量为125项，2019年引入数量为78项。软件版权位于版权引入数量的第5位，2017年软件版权引入数量为12项，2018年增至114项。电视节目和电影版权分别位于第6位与第7位，2017年电视节目版权引入数量为61项，电影版权引入数量为10项，2018年电视节目版权引入数量为98项，电影版权引入数量为15项。与输出版权不同的是，在电视节目版权方面，我国电视版权输出数量远超引入版权数量，影视作品版权的输出有助于我国文化输出，是中国文化走向世界的一部分，这有利于世界上更多的人了解中国、了解中国文化，促进世界文化的交流。

结合引入国家和地区来看，我国引入版权的主要来源是美国、英国、德国、法国、日本、香港地区和台湾地区。其中引入美国版权数量最多，2017年引入数量为6 645项，2018年引入数量为5 047项，2019年引入4 322项；引入英国版权数量居第2位，2017年引入数量为2 991项，2018年引入数量为3 496项，2019年引入数量为3 420；引入日本版权数量居第3位，2017年引入版权数量为2 232项，2018年引入版权数量为2 075项，2019年引入版权数量为2 224；引入法国版权数量居第4位，2017年引入版权数量为1 164项，2018年引入版权数量为1 024项，2019年引入版权数量为1 056。综上所述，我国引入版权的来源国主要是美国、英国、日本和法国。

3. 版权合同登记现状

以下按照省份和版权合同类型对我国版权合同的相关数据进行了整理，便于更直观地了解我国版权合同登记的现状，见表4-8。

表4-8 版权合同登记情况统计　　　　　　　　　　　　单位：项

地区	年份/年	类型								
		图书	期刊	音像制品	电子出版物	软件	电影	电视节目	其他	合计
北京	2019	8 066	73		72	1				8 212
	2018	9 102	84		111	3				9 300
	2017	9 375	108							9 483

续表

地区	年份/年	类型									合计
		图书	期刊	音像制品	电子出版物	软件	电影	电视节目	其他	
天津	2019	428				3				431
	2018	447			37					484
	2017	363			113					476
河北	2019	236								236
	2018	248			4					252
	2017	187			54	5				246
山西	2019	09								9
	2018	53								53
	2017	29								29
内蒙古	2019									
	2018								2	2
	2017									
辽宁	2019	277								277
	2018	409								409
	2017	326								326
吉林	2019	91								91
	2018	62								62
	2017	72								72
黑龙江	2019	277								277
	2018	202								202
	2017	165								165
上海	2019	991		38	75					1 104
	2018	1 024		54	77					1 155
	2017	1 129		97	114					1 340
江苏	2019	730			25	807				1 562
	2018	394			92	725				1 211
	2017					526				526

续表

地区	年份/年	类型								
		图书	期刊	音像制品	电子出版物	软件	电影	电视节目	其他	合计
浙江	2019	677			45	186				908
	2018	591				213				804
	2017	364				179				543
安徽	2019	59								59
	2018	87								87
	2017	117								117
福建	2019	57				12				69
	2018	98				4				102
	2017	92				2				94
江西	2019	320								320
	2018	406								406
	2017	522								522
山东	2019	364								364
	2018	249								249
	2017	337								337
河南	2019	364								364
	2018	163								163
	2017	287								287
湖北	2019	313			2				76	391
	2018	369								369
	2017	366				65			50	481
湖南	2019	355	1						1	357
	2018	405	1							406
	2017	306								306
广东	2019	218			77				1 003	1 298
	2018	120			99				309	528
	2017	235			143				177	555

续表

地区	年份/年	类型									合计
		图书	期刊	音像制品	电子出版物	软件	电影	电视节目	其他	
广西	2019	195								195
	2018	368								368
	2017	495								495
海南	2019	160								160
	2018	168								168
	2017	178								178
重庆	2019	230								230
	2018	294								294
	2017	298								298
四川	2019	1 094				8				1 102
	2018	719				6				725
	2017	726	1			10				737
贵州	2019	67								67
	2018	2								2
	2017	14								14
云南	2019	258								258
	2018	245								245
	2017	301								301
西藏	2019	15	1							16
	2018									
	2017									
陕西	2019	301				2				303
	2018	232				2			1	235
	2017	185								185
甘肃	2019	75								75
	2018	99								99
	2017	18								18

续表

地区	年份/年	类型								
		图书	期刊	音像制品	电子出版物	软件	电影	电视节目	其他	合计
青海	2019									
	2018									
	2017									
宁夏	2019	78								78
	2018	44								44
	2017	25								25
新疆	2019	24								24
	2018									
	2017	14								14
中国版权保护中心	2019			1 524		137				1 661
	2018	1 915		1 823		92				3 830
	2017			1 860	424	869			227	3 380
合计	2019	16 144	74	1 563	296	1 156			1 080	20 313
	2018	16 600	85	1 877	420	1 045			312	20 339
	2017	16 526	109	1 860	424	869			227	20 015

资料来源：根据国家版权局网站资料自行统计

由表4-8可以看出，我国版权登记主要集中在图书、音像制品、软件、电子出版物四个方面。其中版权合同登记数量最多的仍然为图书，2017年图书版权合同登记16 526项，2018年图书版权合同登记数量为16 600项，2019年图书版权合同登记数量为16 144，略有增加；2017年音像制品版权合同登记数量为1 860项，2018年略有增加，为1 877项，2019年有所回落，为1 563项；软件版权合同登记2017年为869项，2018年增加为1 045项，2019年为1 156项；电子出版物版权合同登记数量2017年为424项，2018年为420项，2019年为296项，有逐年下降趋势。

从版权合同登记的地区分布来看，除中国版权保护中心外，我国版权合同登记主要集中在北京、上海、浙江、四川、广东和天津。其中北京地区版权合同登记数量最多，2017年版权合同登记数量为9 483项，2018年为9 300项，2019年为8 212项；上海2017年版权合同登记数量为1 340项，2018年为1 155项，2019年为1 104项；浙江2017年版权合同登记数量为543项，2018年为804项，2019年为908项；四川2017年版权合同登记737项，2018年登记了725项，2019年登记了1 102项；广东和天津版权合同登记数量2017年为555项和476项，2018年为528项和484项，2019年为1 298项和431项，这可能受到地区经济发展水平和文化发展程度的影响。

4. 作品登记情况现状

为了更好地了解我国版权发展的现状，将我国作品登记数量按照作品类型进行了整理，见表4-9。

表4-9 我国作品登记情况表　　　　　　　　单位：件

类型\年份/年	2019	2018	2017
文字	179 314	278 170	221 624
口述	841	307	
音乐	17 283	34 802	4 889
戏剧	453	332	5
曲艺	262	286	
舞蹈	163	174	1
杂技	16	47	
美术	1 288 139	992 513	6 944
摄影	1 015 620	917 045	538 575
建筑	262	197	
影视	88 230	53 224	72
图形	16 075	11 724	349
模型	550	1 470	49
录音	35 232	8 369	533

续表

类型 \ 年份/年	2019	2018	2017
录像	19 480	13 406	29 777
其他	39 644	39 886	6 768
合计	2 701 564	2 351 952	809 586
资料来源：根据国家版权局网站资料自行统计			

由表4-9可以看出，2017年我国作品登记数量总计809 586件，2018年增长了190.51%，达到了2 351 952件，2019年达到2 701 564件；其中美术和摄影作品增幅最大，美术作品登记数量由2017年的6 944件上升到2018年的992 513件再到2019年的1 288 139件；摄影作品由2017年的538 575件上升到2018年的917 045件再到2019年的1 015 620件；戏剧由2017年的5件增加到2018年的332件，2019年略有下降达262件；舞蹈由2017年的1件增加到2018年的174件再到2019年163件；相对于其他作品登记数量的大幅增加，录像作品的登记数量有所下降，由2017年的29 777件，降低至2018年的13 406件，再到2019年的19 480件。总体来讲，我国作品登记数量在以成倍的幅度增长，究其原因可能是随着生活水平和文化生活的丰富，人们越来越重视对版权的保护，越来越意识到版权的重要性。

4.1.3 商标发展现状

党的十八大以来，在习近平新时代中国特色社会主义思想指引下，全国各级工商和市场监管部门坚决贯彻落实党中央、国务院决策部署，坚持创新、协调、绿色、开放、共享的新发展理念，坚持服务大局，坚持改革创新，不断加强商标品牌建设，品牌创新环境不断优化，商标大国地位日益巩固，为新时代商标事业创新发展奠定了坚实基础（表4-10）。国家工商行政管理总局为了适应百姓消费升级和供给质量提升的要求，提出商标品牌战略，制定了《关于深入实施商标品牌战略推进中国品牌建设的意见》，推进实施商标品牌战略的顶层设计的完善。全国各级工商和市场监管部门也认真贯彻落实党的十九大精神,按照国家工商行政管理总局党组决策部署,确立了推动中国产品向中国品牌转变、建设商标品牌强国的新目标。

表 4-10 商标申请与注册统计表　　　　　单位:件

省(市)	年份/year	申请件数	注册件数	有效注册量	合计
北京市	2020	564 510	362 738	2 223 056	3 150 304
	2019	546 590	474 645	1 921 978	2 943 213
	2018	580 855	389 175	1 500 496	2 470 526
	2017	490 086	264 231	1 141 776	1 896 093
天津市	2020	85 096	51 092	288 949	425 137
	2019	73 310	56 538	245 828	375 676
	2018	64 234	41 496	196 319	302 049
	2017	49 849	16 938	159 048	225 835
河北省	2020	283 859	175 632	837 897	1 297 388
	2019	234 388	197 054	679 742	1 111 184
	2018	218 860	150 128	500 863	869 851
	2017	164 274	74 171	360 067	598 512
山西省	2020	85 379	48 021	223 410	356 810
	2019	65 833	47 756	181 625	295 214
	2018	52 648	33 873	139 977	226 498
	2017	40 016	19 948	108 969	168 933
内蒙古自治区	2020	71 501	45 125	240 565	357 191
	2019	63 759	54 247	202 198	320 204
	2018	59 090	40 354	153 468	252 912
	2017	46 580	21 782	115 917	184 279
辽宁省	2020	130 597	81 384	462 852	674 833
	2019	117 269	95 524	387 769	600 562
	2018	104 154	74 435	316 614	495 203
	2017	85 977	44 794	250 184	380 955

续表

省（市）	年份/年	申请件数	注册件数	有效注册量	合计
吉林省	2020	75 384	45 193	253 691	374 268
	2019	64 441	57 058	216 256	337 755
	2018	63 895	45 064	166 102	275 061
	2017	52 815	22 807	125 297	200 919
黑龙江省	2020	93 939	58 824	321 190	473 953
	2019	85 783	70 128	272 831	428 742
	2018	79 846	53 674	213 150	346 670
	2017	60 122	31 856	164 575	256 553
上海市	2020	505 260	307 405	1 737 353	2 550 018
	2019	438 815	361 036	1 472 627	2 272 478
	2018	408 916	291 732	1 149 325	1 849 973
	2017	343 879	192 661	878 460	1 415 000
江苏省	2020	603 118	367 645	1 862 454	2 833 217
	2019	488 511	414 190	1 545 380	2 448 081
	2018	484 227	316 045	1 180 720	1 980 992
	2017	352 736	159 474	888 601	1 400 811
浙江省	2020	874 293	566 301	2 975 001	4 415 595
	2019	733 528	610 478	2 503 624	3 847 630
	2018	685 713	487 041	1 984 367	3 157 121
	2017	546 978	254 918	1 544 827	2 346 723
安徽省	2020	303 305	174 516	768 729	1 246 550
	2019	234 339	186 040	608 523	1 028 902
	2018	201 127	140 576	436 752	778 455
	2017	163 261	65 423	301 957	530 641
福建省	2020	540 649	331 738	1 571 895	2 444 282
	2019	432 736	350 193	1 282 576	2 065 505
	2018	396 538	256 911	972 726	1 626 175
	2017	296 171	128 709	734 624	1 159 504

续表

省（市）	年份/年	申请件数	注册件数	有效注册量	合计
江西省	2020	199 735	120 294	512 617	832 646
	2019	151 127	120 407	402 535	674 069
	2018	136 538	93 606	292 132	522 276
	2017	105 660	43 806	204 053	353 519
山东省	2020	565 318	349 751	349 751	1 264 820
	2019	465 121	372 223	1 297 764	2 135 108
	2018	398 902	252 830	960 070	1 611 802
	2017	284 475	141 238	722 833	1 148 546
河南省	2020	435 379	267 953	1 121 088	1 824 420
	2019	353 497	271 345	873 721	1 498 563
	2018	283 085	185 704	623 730	1 092 519
	2017	208 393	97 536	448 013	753 942
湖北省	2020	210 889	133 448	665 143	1 009 480
	2019	189 427	147 131	546 864	883 422
	2018	170 970	125 754	413 950	710 674
	2017	145 367	59 600	294 792	499 759
湖南省	2020	244 048	149 261	710 913	1 104 222
	2019	198 822	158 843	578 641	936 306
	2018	177 841	122 654	434 437	734 932
	2017	138 400	66 897	319 766	525 063
广东省	2020	1 755 995	1 079 852	5 430 003	8 265 850
	2019	1 463 989	1 187 686	4 477 109	7 128 784
	2018	1 462 435	940 624	3 410 021	5 813 080
	2017	1 095 053	514 024	2 525 055	4 134 132
广西壮族自治区	2020	121 558	65 922	65 922	253 402
	2019	89 684	69 572	235 568	394 824
	2018	78 855	47 436	172 376	298 667
	2017	55 794	26 095	127 544	209 433

续表

省（市）	年份/年	申请件数	注册件数	有效注册量	合计
海南省	2020	44 326	23 493	120 720	188 539
	2019	36 627	26 944	99 885	163 456
	2018	31 148	17 274	74 605	123 027
	2017	21 175	9 953	59 156	90 284
重庆市	2020	160 862	104 748	576 973	842 583
	2019	143 996	117 711	484 628	746 335
	2018	133 952	92 694	377 407	604 053
	2017	102 532	52 639	290 072	445 243
四川省	2020	351 668	202 200	1 014 106	1 567 974
	2019	281 564	225 104	833 692	1 340 360
	2018	255 692	165 681	631 570	1 052 943
	2017	194 765	93 701	478 192	766 658
贵州省	2020	125 649	58 618	266 864	1 483 170
	2019	89 652	62 033	212 200	363 885
	2018	73 389	42 814	153 828	270 031
	2017	53 766	23 488	112 343	189 597
云南省	2020	140 461	83 847	435 055	659 363
	2019	116 347	91 901	360 061	568 309
	2018	103 036	70 456	277 256	450 748
	2017	80 246	42 064	212 407	334 717
西藏自治区	2020	13 360	7 572	37 178	58 110
	2019	10 510	9 523	30 763	50 796
	2018	10 289	7 881	21 480	39 650
	2017	10 511	3 264	12 890	26 665
陕西省	2020	172 599	96 266	490 260	759 125
	2019	134 777	101 488	402 944	639 209
	2018	115 081	72 982	310 975	499 038
	2017	88 754	44 481	242 900	376 135

续表

省（市）	年份/年	申请件数	注册件数	有效注册量	合计
甘肃省	2020	44 459	27 215	123 823	195 497
	2019	39 244	28 474	98 929	166 647
	2018	30 665	21 193	73 321	125 179
	2017	24 920	12 835	53 499	91 254
青海省	2020	16 828	9 331	48 516	74 675
	2019	12 303	10 101	40 592	62 996
	2018	11 739	8 491	31 209	51 439
	2017	10 444	4 799	22 981	38 224
宁夏回族自治区	2020	23 252	13 139	67 201	103 592
	2019	18 023	13 674	55 642	87 339
	2018	15 851	11 367	43 186	70 404
	2017	13 368	7 150	32 319	52 837
新疆维吾尔族自治区	2020	84 648	42 967	221 995	349 610
	2019	59 058	38 522	185 954	283 534
	2018	45 068	32 138	153 933	231 139
	2017	40 560	25 426	124 871	190 857
香港地区	2020	172 615	110 947	691 065	974 627
	2019	128 121	129 563	610 556	868 240
	2018	167 548	145 348	509 970	822 866
	2017	150 392	63 374	377 661	591 427
澳门地区	2020	1 474	977	7 816	10 267
	2019	1 446	1 380	7 199	10 025
	2018	1 680	1 212	6 111	9 003
	2017	1 344	832	4 972	7 148
台湾地区	2020	14 441	13 130	178 968	206 539
	2019	19 719	19 270	177 309	216 298
	2018	23 356	18 208	166 362	207 926
	2017	20 308	15 125	153 488	188 921
合计		29 365 004	19 197 217	83 569 618	132 131 839

资料来源：根据国家知识产权局商标局网站资料自行统计

由表 4-10 可以看出，2017—2020 年，我国商标申请数量达到 29 365 004 件，商标注册件数达到 19 197 217 件，商标的有效注册量为 83 569 618 件。从表 4-10 中各省市的商标总量合计来看，北京、上海、江苏、浙江、广东、山东、四川、河南等 8 个省市商标总量占比较大，北京 2017 年商标数量为 1 896 093 件，2018 年商标数量为 2 470 526 件，2019 年商标数量为 2 943 213 件，2020 年商标数量为 3 150 304；上海 2017 年商标总数为 1 415 000 件，2018 年商标总数为 1 849 973 件，2019 年商标总数达到 2 272 478 件，2020 年商标总数为 2 550 018 件；广东省 2017 年商标总数为 4 134 132 件，2018 年商标总数为 5 813 080 件，2019 年商标总数为 7 128 784 件，2020 年商标总数为 8 265 850 件。江苏省、浙江省由于经济发展水平较高，所以商标总数量也较大。综上所述，从总的趋势来看，商标数量呈每年上升的趋势。

4.2　科技型中小企业融资需求分析

企业是国民经济的细胞，是拉动经济增长的关键与核心。在我国经济结构中，一方面以国有经济为主，国家掌握着国民经济的命脉，国有企业主导着国家重要资源的分配；另一方面随着我国社会主义市场经济的迅速发展，近年来，中小企业作为国民经济的重要组成部分，对我国国民经济的增长起到了重大作用，并逐渐成为国民经济发展前进的重要主力军。

随着我国社会飞速进步，科技型中小企业在经济发展中的作用日益凸显，尤其在科技创新方面优势突出，对促进国民经济、调节发展平衡起着重要的推动作用。但科技型中小企业在自身发展上仍困难重重，面对着重大的融资压力。

4.2.1　科技型中小企业融资面临的主要问题

综合分析科技型中小企业所处的内外部环境，不难发现造成科技型中小企业融资难问题主要有 3 个方面原因：一是来源于企业本身的原因；二是来源于政府方面的原因；三是来源于金融市场方面的原因。这三方面并非彼此独立存在，而是错综复杂、相互影响。

1. 融资需求大，融资难现象普遍

随着科技型中小企业的规模不断增加，其对融资的需求也是愈加强烈。有资料显示，发现约70%的中小企业有扩大资本的需求。科技型中小企业融资主要目的用于技术创新、扩大产能等，说明在目前经济形势下，资金成为企业发展的重要因素。改革开放以来，随着国家经济体制的改革和社会资本市场的建立，我国中小企业的资金来源逐渐地从单一渠道向多元化多层次发展。融资情况有所改善，但是资金缺乏和融资难的问题始终是我国科技型中小企业普遍存在的"瓶颈"。一方面，基层的银行得到的放贷权限不高，使得在对科技型中小企业放贷的问题上各家商业银行都不是很积极，尤其是一些大型商业银行由于科技型中小企业缺乏严谨的财务管理制度和必要的抵押担保物等原因不愿放贷给科技型中小企业。另一方面，由于自身积累不足、基础薄弱，我国科技型中小企业通过集资入股、风险投资、在资本市场上运用股票融资以及发行基金债券等方式进行融资还十分有限，再加之大部分科技型中小企业由于自身的一些先天性问题，如生产经营的规模比较小、管理者的管理水平较低、自身的信用水平低等。我国科技型中小企业融资效果不论从方式上还是融资量上都远没有达到预期的目标，融资方式仍然以内部融资为主，虽然政策环境逐步改善下，"扶借"行为在一定程度上缓解了科技型中小企业急需的资金压力，但是也伴随着极大的隐患，经常形成"三角债"和"债务链"造成恶性循环。

2. 内源融资为主，融资渠道单一

科技型中小企业的内源融资，主要是通过公司本身的折旧或者是公司的留存收益构成，是公司在发展经营的过程中不断将自身的储蓄转化为投资资金以获取流通周转所需的资金。公司自身的储蓄是企业在经营过程中的定额负债、留存盈利、折旧等。因此，内源融资在企业融资过程中具有以下显著特点：自主性、原始性、抗风险性、低成本性。在企业发展的生命周期中通过内源融资是不可或缺的重要融资手段。但是，我国的科技型中小企业在整个国民经济发展中的作用越来越重要，因此，企业的融资渠道也应该向多层次、多方面发展。但就目前而言，我国科技型中小企业融资渠道仍然单一，科技型中小企业的融资方式一直都是困扰企业发展的问题之一，在融资方式和途径上并没有受到照顾。

我国的科技型中小企业在其发展过程中始终以内源融资为主。是由于科技型中小企业规模小、管理粗、技术低、人才少、信用差，从银行取得贷款受到限制，贷款额度不高，而证券市场门槛高，创业投资体制不健全，科技型中小企业难以通过资本市场公开筹集资金，加上公司债券的发行又受到政府的严格控制，而且其规模由国家根据每年宏观经济的运行情况决定，并具体分配到各地、各部门。这些因素造成了科技型中小企业很难通过资本市场筹集到资金。我国自 20 世纪 80 年代以来，自筹及其他投资一直占我国固定资产投资的 50%以上，而且这一比例呈现出不断上升的趋势。这说明，大部分的资本形成是依靠内源融资或非正规金融提供的。这种融资渠道会使企业发展资金缺乏，后劲不足，不利于企业的长远发展。

3. 金融市场不健全，缺少利率政策和税收政策倾斜

虽然近几年来，我国经济实现了持续稳定的增长，但是中国的资本市场和金融体系的不完善，在一定程度上阻碍了科技型中小企业的融资。例如，利率管制的存在使得银行等金融机构在信贷活动中不能提高利率，所以给科技型中小企业提供资金的积极性在一定程度上削弱了。在慧聪公司融资需求的调研过程中，融资额度和利率水平的灵活性是科技型中小企业金融服务中最关注的因素，成为最核心的问题。金融体系的发展在本质上决定经济的发展，金融体系的必要改革，可以保证经济的健康稳定可持续发展，故我国必须深化金融体制改革，以消除制约企业融资的制度性障碍。政府要从市场实际情况出发，对问题产生的原因进行分析，以解决科技型中小企业融资为导向，对科技型中小企业给予一定利率政策和税收政策的倾斜。要尽量发挥市场本身的作用，调动企业本身的积极性，努力为科技型中小企业创造良好的融资环境。我国社会主义市场经济体制仍处于发展阶段，还有很长的路要走，虽然自 1990 年以来，在上海证券交易所和深圳证券交易所建立了主板、中小板、创业板，但总体来讲，市场准入门槛普遍较高，评级标准非常严格，绝大多数科技型中小企业都因规模较小、实力较弱而很难进入。此时，科技型中小企业只有把希望寄托在民间金融组织上，但民间金融组织大多又缺乏信息的公开透明和有效的监督，倒闭和跑路现象时有发生，这无疑增加了

科技型中小企业的融资风险。再有，当合法集资又不能满足的情况下，某些企业采取违背金融法规的高息揽资方式，即所谓的非法集资，造成了金融系统的混乱，不利于国家经济的持续健康发展。

4. 外源融资作用有限，其中银行融资比重大但效力不突出

外源融资，分为直接外源融资和间接外源融资。对于直接外源融资，自1990年初我国股市创建以来，在股票发行上一直采取额度审批制，企业要想成功上市除了要符合上市条件外，关键是看能否从地方政府与征管部门获得上市额度。额度审批制的实施从法规和政策导向上对科技型中小企业不利。据统计，我国科技型中小企业股票融资仅占国内融资总量的1%左右。再者，国家为了保护债券投资者的利益，规定了许多限制性条款，结果就科技型中小企业而言，因为在公开的资本市场上无一席之地，而发放企业债券又受到"规模控制，集中管理，分级审批"的制约，直接外源融资受阻。对于间接外源融资，包括银行贷款、票据贴现、融资租赁和基金融资等多种形式，但是在我国，除银行贷款之外的几种融资方式都还处于起步阶段。科技型中小企业大多通过经营者自营开始发展，在做大做强的过程中既没有国家财政机关和商业银行的强大资源支持，也没有外资企业的海外资金支持的优势，其创业和发展过程只有依靠自身资本的积累。我国大部分的科技型中小企业的经营方式为家族式经营，家族企业的各项经营制度还处于不断规范的过程中，因此，银行很难获得企业信用的完全信息，难以对企业借款存在的风险进行科学评定，科技型中小企业想通过银行进行大规模融资仍然会存在一定的困难。

4.2.2 科技型中小企业融资难的原因

科技型中小企业融资模式和改革的进程之间是紧密相连的。在计划经济时代，企业的融资渠道主要是依靠国家财政拨款；改革开放以后，随着我国银行业的发展，企业逐渐可以向银行贷款；到上个世纪90年代，企业融资不仅可以依靠银行，同时也可以通过资本市场来进行。但就目前情况可以看出，科技型中小企业融资的主要渠道还是依靠银行贷款。造成科技型中小企业融资难的因素有很多，包括客观环境和有关参与各方等多方面的影响因素，现归纳为以下几点。

1. 信息不对称现象严重

科技型中小企业和银行等金融机构之间存在严重的信息不对称的状况。主要是由于科技型中小企业和其他大中型企业相比，主要的竞争优势在于科技型中小企业手中有一些比较先进的科技技术、专利或者是某些专有的供销通道。而且，目前利用知识产权进行质押融资正逐渐兴起，但如果企业公开上市这些赖以生存的东西，就很容易被别人模仿继而使企业自身失去以往的竞争优势，这使得绝大多数科技型中小企业不愿意公开上市，同时也导致了企业真实的经营现状和信用等级不能在公开市场上得到反映。故银行不可能从公开市场知晓了解企业的真实财务状况，而大多数的科技型中小企业又没有或是难以完成由独立的审计机构编撰的能真实反映企业的实际经营状况（比如企业的收益状况、贷款的使用情况、资本运作情况等）的财务审计报告，所以这就更加影响了银行对科技型中小企业的信任度。同银行一样，虽然出现的担保机构似乎能够在一定程度上弥补信息不对称，但是在目前我国科技型中小企业群体信用比较差的情况下，信用体系没有完全建立起来，不但使银行很难放心地为科技型中小企业贷款，而且使提供担保的中介金融机构也同样与科技型中小企业存在着严重的信息不对称。

2. 信用体系和法律法规保障体系缺乏

目前，我国尚缺乏统一的科技型中小企业服务管理机构，如科技型中小企业担保机构、科技型中小企业信用评级机构等社会中介机构。对科技型中小企业的发展缺乏完善的法律、法规的支持保障，法律对银行债权的保护能力低，加剧了金融机构的"恐贷"心理。目前，只是按行业和所有制性质分别制定政策法规，缺乏统一规范的科技型中小企业法律法规，造成各种所有制性质的科技型中小企业法律地位和权利不平等。再有，对科技型中小企业融资进行规范管理的相关法律法规也不是很完善，改革开放以来在政策和法律法规等方面国家大力扶持国有大中型企业，造成了占市场上企业总数不到5%的国企得到了多数的政策和资金支持，又因为利率管制的原因，使"金融抑制"和"信贷配给"现象在科技型中小企业中形成，使得科技型中小企业在这些方面得不到优惠的政策，造成了科技型中小企业在市场中与大型国有企业的竞争中通常处于弱势的地位。

3. 银行普遍存在对科技型中小企业的"惜贷"现象

大部分银行审查贷款的标准都比较高，商业银行也是盈利性机构，在经营时一般都遵循安全、稳定和盈利性原则。安全性是商业银行非常重视的，银行为了使得自己放出去的贷款安全性增加、不良率降到最低，就会制定非常严格的贷款标准和苛刻的授信制度，所有这些规定和制度都会将自身实力不足的科技型中小企业排除。而且，相比大型企业而言，科技型中小企业贷款的风险性相对较高，银行对科技型中小企业放贷带来的收益和其需要承担的风险不相匹配，作为操作金钱的理性个体，银行肯定要在追求自身利益最大化的同时保证最低的风险，科技型中小企业贷款时面临的信息不对称风险和贷款后进行管理产生的管理成本等都要远大于大型企业，所以在同等情况下，银行会选择向大企业发放贷款而不会选择科技型中小企业。

4. 科技型中小企业自身的弱点

从根本上来说，科技型中小企业融资难主要是其自身的生产经营存在不足。科技型中小企业自身生产规模小，抵抗风险能力弱，经营风险高，再加之经营管理水平相对较低，大部分的科技型中小企业没有建立现代化企业管理制度，内控合规制度也不是很完善，财务制度也不是十分健全，公开信息十分有限，生产技术落后和员工素质差等进一步加大了企业的风险，导致我国科技型中小企业破产率较高。对科技型中小企业贷款的风险肯定高于大型企业，这必然导致信用等级下降，影响科技型中小企业的融资。另外，科技型中小企业资产少，底子薄，尤其固定资产有限，因此负债能力有限，也加重了银行惜贷现象的发生。

据调查，我国科技型中小企业50%以上的财务管理不健全，信用等级60%以上都是3B或3B以下，抗风险能力较弱，而银行新增贷款80%集中在3A和2A类企业，多数科技型中小企业不符合银行贷款基本条件。还有一些科技型中小企业常存在"逃废""悬空"银行债务等行为，更加损害了自身的信用度。据不完全统计，到2013年年底，我国科技型中小企业的贷款金中用于非正常用途的大约占到12.93%，而大型企业在这一统计中的数据仅为5.42%；最致命的因素是科技型中小企业的贷款金额中不能按时偿还本息的贷款比例高达80.65%。正是由于中小企业贷款的风险如此高，才使银行产生"惜贷恐贷"的现象。

5. 政府政策扶持的缺乏

目前，国际上发达国家和部分发展中国家都十分重视中小企业的发展，许多国家都建立了中小企业特殊融资机制。但是，长期以来，我国的扶持政策一直实行向大企业倾斜，对中小企业的支持力度不够。尤其在税收方面，针对中小企业的税制设计不尽合理，致使中小企业不易形成业务"亮点"，银行及银行业务人员动力不足，贷款自然不会青睐中小企业。尽管，近年来我国先后建立了主板、中小板块、创业板块和场外市场交易的平台以供科技型中小企业进行融资，但是针对科技型中小企业融资缺乏一套完善的社会化体系，政府组建的融资担保平台和科技型中小企业的信息系统以及科技型中小企业的信用评级系统都还不够完善，这些都加剧了银行和科技型中小企业之间的信息不对称，使现有融资平台不能够对科技型中小企业的融资起到巨大作用。

第三篇 发展篇

第5章 知识产权证券化的国内外发展

5.1 国外知识产权证券化的经验借鉴

1997年，英国摇滚歌星大卫·鲍伊通过在美国金融市场出售其音乐作品的版权债券，为自己的音乐发展之路募集资金5 500万美元，金融界称为"鲍伊债券"。"鲍伊证券"的发行具有开创性的意义，把传统资产证券化局限于抵押住房贷款、汽车按揭贷款、信用卡贷款、应收账款等方面的应用向前推进了一大步，首次将知识产权纳入证券化范畴，开启了知识产权证券化新纪元。鉴于我国知识产权证券化起步较晚，仍然处于探索发展阶段，国外知识产权证券化的发展经验值得借鉴学习。

5.1.1 国外知识产权证券化的发展历程

1997年，大卫·鲍伊以其发售的25张专辑发行债券，获得高达5 500万美元的融资，这被世界公认为是知识产权证券化的开端。在此之后，欧美国家逐渐出现众多知识产权证券化案例，其中发展最为快速和成熟的当属美国、日本和欧洲。

1. 美国知识产权证券化的发展

知识产权证券化的最早探索国家美国在1997年发行"鲍伊债券"后，引起了学术界对知识产权证券化的极大关注。"鲍伊债券"发行后的一段时间,学术界对知识产权证券化进行了深入的探讨,商业以及法律期刊上都刊登了有关知识产权如何证券化等方面的相关文章。然而,从美国成功发行"鲍伊债券"的经验看来,知识产权证券化的基础资产已经非常普遍且广泛,游戏、品牌、医药产品专利、作品版权、甚至诉讼的胜诉金都可以作为知识产权证券化的基础资产。

以 1997 年发行的"鲍伊债券"为起点,到 1999 年音乐版权证券化发展到巅峰,到 2000 年专利价值开始凸显,随后经历了 2001 年的"安然破产案"。在 2002 年颁发《萨班斯法案》,2005 年产生在线音乐付费业务,2008 年的金融危机使 MBS、CDO 市场大幅下滑并突破纪录,2009 年美国高智公司发明投资基金让美国的知识产权证券化进一步发展,并在 2011 年成立了国际知识产权金融交易所,但好景不长,国际知识产权交易所于 2015 年关闭,截止到 2017 年美国形成了高效运作的专利交易市场。美国知识产权证券化的制度法规、融资机制等都在不断地发展、完善和创新,资本市场也在快速发展。

美国的知识产权证券化成交金额在从 1997 年开始的短短十几年间,年均增长幅度达 12%以上,成交金额高达 420 亿美元。美国知识产权证券化也经历了从萌芽到发展,从发展到逐渐成熟的过程。1997 年,美国的知识产权证券化资产仅有 3.8 亿美元,截止到 2016 年,美国的知识产权证券化资产已经上升至 450 美元,知识产权证券化市场约占据了全美 21%的市场份额。这一过程也是一个从探索到推广、从设立专门 SPV 到 SPV 常设化、从面向私募基金发行到寻求进入资本市场的过程。

(1)起源。1997 年,鲍伊与大卫·普尔曼的投资银行 Fahnestock 合作,将 1990 年前录制发行的 25 张专辑(包括 287 首作品)的版权打包进行证券化。发行方将鲍伊作品产生的所有收入(含广告费用、唱片销售收入、广播和演出带来的版权收入及电影改编授权费等)以利息的形式支付给证券的拥有者。发行的债券总额为 5 500 万美元,10 年期限,利率为 7.9%,比同期 10 年期限的国债利息率和公司债券收益都要高。鲍伊债券采取私募发行方式,由美国保德信证券投资信托公司全额认购。纵观美国,甚至是全球的资产证券化的演进历程,"鲍伊债券"标志着资产证券化进入了一个新的阶段,具有里程碑的性质。在此之前,资产证券化的基础资产都集中在应收账款、信用卡和抵押住房贷款等领域。"鲍伊债券"的成功发行扩展了可以进行证券化的资产的范畴，专利权、著作权和商标权等知识产权也成了可证券化的标的资产。知识产权证券化的产生和发展创新了知识产权资本化的方式，突破了以往融资方式的局限性，融资需求方可通过自身拥有的能产生稳定现金流的知识产权发行债券融资，不再因自身信用不足而无法获取资金。

（2）发展。曾是世界最大的能源、商品和服务公司的美国安然公司，因利用资产证券化操纵会计报表，通过设立数以百计的 SPV（特殊目的机构）和表外业务转移和隐瞒公司债务，最终因被曝光而破产。安然公司的破产让市场上产生了对 SPV 不正当使用的担忧，因此为重拾投资者们对美国资本市场的信心，美国国会和政府通过了《萨班斯法案》，该法案对企业财务报告的制定提出了新的且严格的披露要求，其中包括公司使用 SPV 和表外交易的详情。安然公司破产案的爆发为第三方监管机构提供警示，并促进了相关配套制度的建设与维护，SPV 的合规设立与运营。

在知识产权证券化发展约 10 年后，美国资产证券化市场爆发了次贷危机。学界和金融界普遍认为次贷危机是由于资产证券化将高风险的债务引入资本市场而引发的。对资产证券化的指责集中于发起人与证券化资产之间的剥离机制在设置之初就弱化了发起人对资产质量的考察，同时第三方对违约风险的评估和资产定价的难度使得发起人能够利用与投资者之间的信息不对称隐藏自身资产的风险。此次危机还暴露了市场中的诸多问题：第一，评级过程透明度不够，且信用评级机构对信用评级的等级未能及时调整；第二，信用评级机构独立性较差，第三方的公正性受利益驱使而扭曲。2010 年，美国通过了《多德－弗兰克法案》来扩大监管机构在应对风险过程中的职权，以弥补金融危机过程中信用评级机构定位缺失的问题。

美国发生的这些危机中，对证券化的批评集中在危机中所涉及的特定资产的失败，例如美国的次级抵押贷款市场，而危机过程中的失败案例均未涉及知识产权领域。因此，市场开始意识到，知识产权是可以被持续使用的能够提高信贷的基础资产，尤其是当前知识产权已成为发达国家经济中重要组成部分的时代。

（3）趋势。近年来，随着互联网技术的快速发展，知识产权运营的创新实践在市场上出现了，如2009年高智公司预建立起"专利超市"而发明高智投资基金；众多如 Logic Patents 这样的中小型专利运营公司；从事大批量专利买卖交易的 ICAP Patent Brokerage；专门为企业充当专利"保护伞"的 RPX 公司；知识产权服务提供商 UBM TechInsights；综合性交易平台国际知识产权交易公司（IPXI）等。交易平台的大量存在和高效运作在美国知识产权证券化市场中发挥着重要作用。

其中，为了促进技术成果转化和汇聚各类相关的要素资源，以创造一个更为有效和透明的公平交易环境为诉求的 IPXI 便是知识产权证券化中的一大模式创新。2013年6月，IPXI 发布了第一个产品，同年陆续发布了第二个与第三个产品，涉及领域从 LED 跨度到金融。然而，IPXI 在2015年3月宣布关闭，其失败原因在于潜在被许可方往往选择向交易所提出诉讼挑战而非寻求双方合作。对于被许可人而言，他们选择 IPXI 平台是因为可采取诉讼的方式来获取专利许可赔偿费用，而这确又是 IPXI 平台一直打算解决的问题，由此可知在知识产权证券化过程中的交易和非诉二者之间存在不可调和的矛盾。最终 IPXI 也未能成功将公平、透明和效率的原则引入到专利这一块尚由诉讼驱动的复杂市场。由此可见，由于现实中知识产权交易中存在的缺陷与配套制度的不完善制约了知识产权证券化发展的脚步。从 IPXI 的商业模式看，是能够克服过往知识产权资本化融资的部分障碍的，但因其"无法获得足够意愿的人的充分合作"，在短短两年运营后就被迫关闭，值得反思。IPXI 创新平台模式是在美国专利证券化金融市场发展到一定程度，同时拥有强大第三方中介服务机构的背景优势下才产生的，是以专利许可使用权为标的进行证券化的开创者，专利许可使用权证券化是其创设的主要融资交易项目。虽然最终失败，但是以 IPXI 为代表的机构和平台的系列模式创新、产品创新等活跃了美国知识产权交易市场，使得知识产权证券化迸发新的活力。

2. 日本知识产权证券化的发展

日本是亚洲为数不多跻身发达国家行列的国家，其在国家层面十分重视知识产权证券化和资本化，且已有较多成功的知识产权证券化案例，如2003年日本 Scalar 公司将4项专利权作为基础资产成功实施了证券化。但是，对于知识产权证券化的论证早在2000年前后就已经开始了。2000年日本修订《资产证券化法》，知识产权正式纳入证券化范围，2001 年日本知识产权研究会成立，2002 年日本确立"知识产权立国战略"，2003 年出现第一项专利证券化案例，在此之后日本不断更新知识产权推进计划；2009 年由政府主导成立产业革新机构，并建立了多个投资基金；2010 年日本的首家知识产权基金成立。截至 2017 年，日本已经形成了高效运作的专利交易市场。

（1）起源。《资产证券化法》的修订开启了日本知识产权证券化时代。虽然日本早在 1931 年就颁布实施了《抵押证券化法》，开始推行不动产证券化，但鉴于其流程复杂、成本过高以及债券流动性不足等原因，并未被市场大规模采纳。直到 1988 年在日本进行了金融改革，降低了投资者门槛，对信托及债券发行放松管制之后，资产证券化逐步被市场所接受。1993 年，日本颁布的《信托业特别规制法》开启了日本证券化全面开放的时代，此时日本建立起了租赁信用债券证券化的框架，明确可以用于资产证券化的资产包含建筑在内的不动产和汽车、轮船、制药设备等部分动产，但知识产权在当时还未被纳入可证券化资产的范畴。

随着日本经济的快速发展，对于资产证券化实践提出了新的要求，因此日本于 2000 年修订了《资产证券化法》，核心内容之一是规定了一般财产权也可以用于证券化，此时知识产权也被纳入了证券化的基础资产范畴；其次是规定信托可以设立 SPV，即资产证券化过程中既可以采取特殊目的公司形式，也可以采取特殊目的信托形式，这为资产证券化的制度完善提供了保障。另外也充分保护了资产证券化投资者的权益，方便了投资人的投资行为。

（2）发展。日本知识产权证券化的发展以政府主导推进，信托模式为主。日本知识产权证券化的快速发展得益于政府的高度重视，制定了知识产权立国战略，其知识产权证券化发展的主要特点是立法先行。早在 2001 年，日本就成立了知识产权研究会，探索在日本开展知识产权证券化、资本化的可行性研究。日本经济产业省企业法制研究会研究了以品牌为代表的知识产权价值的评估，为品牌作为基础资产进行证券化提供了可能性。上述知识产权资本化的研究深化了知识产权与金融的紧密程度。

2002 年，日本制定了《知识产权战略大纲》，从而明确了"知识产权立国"的国家战略，开始从"技术立国"向"知识产权立国"转变。同时，日本面对着众多需加速推进产业化应用的知识产权，开始了大胆有益的尝试。同年，日本政府有关部门开始对生物和信息技术行业企业拥有的专利权实施证券化运作，通过政府设定的以专利技术作为基础资产发行债券，涌现出许多知识产权证券化成功案例。目前，日本知识产权资本化运作已经逐步进入成熟期，日本常见的知识产权融资方法：一是质押融资方式，以专利为代表的知识产权作为质押，从政府的政策性银行获取贷款；二是证券化方式，其中包含通过公司型特殊目的机构（SPC）将知识产权产生的资金流作为债券发行的方式，还包括知识产权信托融资、基金运作等方式。二者的区别在于，在利用SPC进行证券化的情形下，SPC本身只是一个工具，一般由服务商对知识产权进行实际管理和运营，而信托公司则可以亲自对知识产权进行管理。

目前，日本知识产权证券化的发展规模相较于其他证券化产品规模较小。截至2015年3月，日本房屋质押贷款支持证券（MBS）的规模为14.96万亿日元，占日本证券化规模的88%。其他类型的证券化产品（如ABS、CDO等）在2008年金融危机后发行规模显著下降。

（3）趋势。日本高效运作的知识产权交易市场为日本的知识产权证券化铺路。日本还致力于将高校、科研机构等基础性技术成果实现产业化的探索。大学、科研机构的知识产权（如专利）一般属于基础研究的成果，不一定符合企业的特定需求。政府部门及学界担心这种研究机构和企业需求脱节的趋势会削弱日本在全球市场的竞争力，为此政府开始设立了系列机构和基金来解决上述问题，如2009年成立产业革新机构，并设立多个专利基金；2010年，成立生命科学知识产权平台基金，以此充分利用高效和科研院所沉睡的知识产权，将企业的需求和高效、科研机构的知识产权供给有效对接起来，实现知识产权的资本化运作。2013年，机电行业成立了类似的基金，专门购置行业内闲置专利，并将专利以有偿方式出借给有需求的企业。这些基金的运作实际上是以某项专利技术或专利技术组合作为担保资产，以此提供资金需求方急需的资金，本质上是知识产权的变现过程。

此外，在日本中小企业开放式创新中，出现了担当信息桥梁角色的中间机构或中间人。这些中介机构主要作用在于：一是提供专业的知识产权信息服务，为企业的专利研发提供方向；二是将技术的供需双方联系在一起，完成知识产权的交易。它们对促进中小企业的创新活动,盘活知识产权的价值,促进技术成果的转化起到十分重要的作用。

3. 欧洲知识产权证券化的发展

(1) 起源。自从资产证券化在美国拉开序幕,欧洲紧随其后,并成为世界上第二大资产证券化市场。凭借成功的资产证券化实践经验,欧洲市场紧随美国步伐,逐步向知识产权证券化领域探索。欧洲市场上发达的金融和商业服务体系,较为完善的证券化法律制度及社会信用评级、增级制度为知识产权证券化的开展保驾护航。

(2) 发展。欧洲知识产权证券化的发展呈现出范围逐渐拓宽、金融危机之后整体趋缓、资产支持证券(ABS)优势显露的特点。欧洲是除美国以外的第二大资产证券化市场,由图 5-1 可知,2008 年是证券化市场发行规模的巅峰。金融危机爆发后,监管机构将导致危机的诱因归咎于产品和银行家,导致资产证券化市场一度下滑。为在欧洲构建起安全且持续增长的金融环境,2008 年欧盟委员会提出了 40 多项立法和非立法措施,但资产证券化市场至今难以从金融危机中恢复过来,证券化整体市场规模大幅缩减。资产支持证券(ABS)在欧洲是主要的资产证券化品种之一,原因在于其基础资产十分广泛,包含各种应收款、消费贷款、租赁费用等信用类资产,知识产权证券化便属于这一范畴。分析图 5-1 可知,自 2008 年金融危机后的两三年,资产支持证券发行规模下降明显,2011—2016 年逐步开始回升,虽然发行规模有所波动,但回升趋势较为稳定。

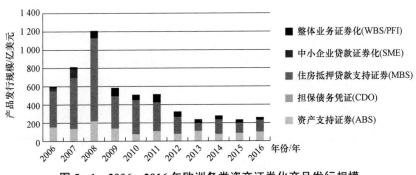

图 5-1　2006—2016 年欧洲各类资产证券化产品发行规模

从地理分布来看,英国是目前欧洲最大的资产证券化市场,其次是意大利、荷兰、西班牙,如图 5-2 所示。

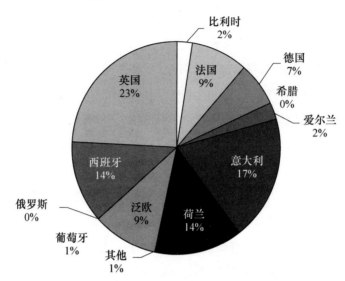

图 5-2　2016 年欧洲主要经济体资产证券化规模占比

欧洲的知识产权证券化发展速度极快,用于证券化的基础资产基本涵盖了主要的知识产权,如专利权、特许经营权、商标权和著作权等。欧洲的知识产权覆盖的范围较为广泛,主要集中在电影版权、音乐作品,同时因其体育事业,尤其是足球产业极为发达,因而欧洲知识产权证券化在体育产业特别集中,这也成了欧洲知识产权证券独有的特点。

欧洲地区知识产权证券化更多的是依靠市场的力量,金融机构以自己持有的知识产权资产为基础发行证券,政府并未起到根本性的作用。也正是得益于市场的自我调节,知识产权证券化的配套制度体系逐渐形成与巩固,尤以社会信用增级制度为最。这也是因为政府介入较少,债券发行主体及发行中介结构资质和实力有强弱之分,在缺乏政府信用的情形下,就只能构建强有力的社会信用增级机制,以此提升知识产权证券化的信用等级确保债券的成功发行。

5.1.2　国外知识产权证券化的典型案例

1. "鲍伊债券"案例

鲍伊生于 1947 年,1967 年正式出道,20 世纪 70 年代开始迅速走红。然而,其演艺生涯并非一帆风顺，20 世纪 90 年代，鲍伊同时遭遇了事业低潮期及与政府之间的税务纠纷问题。此时，鲍伊选择了与法内斯托克公司（Fahnestock & Co.）的普尔曼合作，为其融资解困。

1）知识产权证券化主客体及运作流程

在"鲍伊债券"案例中，以鲍伊 1990 年以前录制的 25 张音乐专辑在未来产生的销售和使用版权费、许可使用费收入为基础资产，琼斯/丁托列托娱乐公司（Jones/Tintoretto Entertainment Company LLC）以私募发行的方式发行了利率为 7.9% 的 10 年期债券。"鲍伊债券"与当时同期的 10 年期国库券利率 6.37% 相比，收益率上具有一定优势；鲍伊的唱片经销商百代唱片公司为该债券作了担保，成为这一资产证券化产品的增信方式。"鲍伊债券"由保德信证券投资信托公司（保德信保险公司子公司）全额认购。对于"鲍伊债券"的评级，1997 年 2 月，在"鲍伊债券"刚刚推出之际，穆迪评级对其十分认可，给予了"鲍伊债券"A3 级的较高级别评价，"鲍伊债券"也是穆迪首次对音乐版权证券化产品进行评级。然而，进入 21 世纪以来，唱片业开始走向没落，2003 年 3 月，穆迪评级发布公告称，受唱片销售收入不够理想以及"鲍伊债券"担保方降级的影响，"鲍伊债券"的级别可能会下调；2004 年 3 月，穆迪评级将"鲍伊债券"的评级由 A3 下调至 Baa3 级，但仍属于投资级债券。"鲍伊债券"的运作流程如图 5-3 所示。

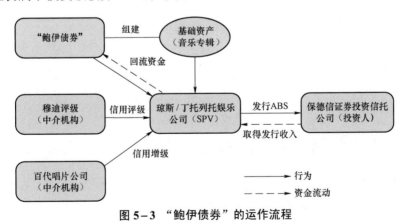

图 5-3 "鲍伊债券"的运作流程

2）实施成效

"鲍伊债券"的出现成为资产证券化史上一个里程碑式的事件，该产品将资产证券化产品进行了重新定义，可证券化资产不再仅限于各类银行贷款和应收账款资产，著作权、专利权、注册商标权、影片票房收益权、药品专利权、足球队门票收入等知识产权类基础资产都进入到资产证券化的资产池之中。

2. 日本 Scalar 公司案例

处于初创阶段的日本中小企业日本 Scalar 公司是一家主营光学镜头业务的公司，日本 Scalar 公司拥有多项光学技术专利。2003 年 3 月，日本 Scalar 公司迈出了日本专利证券化的第一步，完成了一笔小规模的知识产权证券化融资。

1）知识产权证券化主客体及运作流程

Scalar 专利权证券化交易规模较小，其主体是日本 Scalar 公司。并以 Scalar 日本公司的 4 项光学技术专利为底层基础资产。日本 Scalar 公司与初创公司 PinChange 签订许可合同，将其拥有的 4 项光学技术专利授权给 PinChange 使用。签订许可合同后，日本 Scalar 公司将这些许可使用合同的未来收益权转让给了由一家信托银行控股的特殊目的机构，并以许可使用合同的未来收益为基础发行了债券、优先证券和受益凭证。Scalar 专利权证券化交易运作流程如图 5-4 所示。

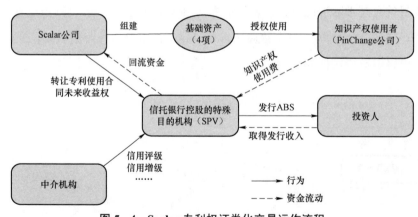

图 5-4　Scalar 专利权证券化交易运作流程

2）实施成效

Scalar 专利证券化交易虽然规模较小，仅有 20 亿日元。但是，作为日本首例知识产权证券化融资案例，受到多方的肯定，也对日本以后的知识产权证券化发展有十分重要的意义。Scalar 专利证券化交易开创了日本知识产权证券化的先河，不仅帮助初创中小企业获得融资，同时也盘活了日本"沉睡已久"的知识产权。

3. 耶鲁大学知识产权证券化案例

耶鲁大学作为美国顶尖高校拥有大量专利，2000年耶鲁大学需要为校内基础设施建设筹集资金，于是将当时成功开发的艾滋病新药 Zerit 的药品专利许可给 Bristol 公司。但是，按照惯例耶鲁大学将专利许可给 Bristol 公司后获得资金需要很长时间并不能解决耶鲁大学的燃眉之急，因此耶鲁大学将 Zerit 专利许可使用费的未来收益权销售给了 Royalty Pharma 公司。

1) 知识产权证券化主客体及运作流程

耶鲁大学案例是单一企业知识产权证券化案例，其主体是耶鲁大学。客体中资产标的物是专利，这里的专利仅包括耶鲁大学的艾滋病新药 Zerit 药品专利；基础资产是耶鲁大学与 Bristol 公司之间的专利许可使用费的未来收益。

耶鲁大学首先将其手中的艾滋病药品专利许可给 Bristol 公司；然后将专利许可使用费的收益权许可给 Royalty Pharma 公司，Royalty Pharma 公司获得专利许可使用费收益权后将其以真实销售的方式转让给了 Royalty Pharma 公司专门成立的特殊目的公司 BioPharma Royalty 信托公司，并由该信托公司将专利许可使用收益的70%证券化。耶鲁大学案例运作流程如图5-5所示。

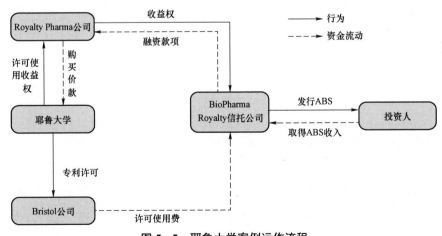

图5-5 耶鲁大学案例运作流程

2) 实施成效

BioPharma Royalty 信托公司将专利许可使用收益的70%证券化，发行了价值

7915 万美元的浮动利率债券和 2790 万美元的股票，耶鲁大学收到了 1 亿美元的对价。以上发行的证券和股票以耶鲁大学专利许可使用收益的 70% 作为担保。项目初见成效，但最后却以失败告终。其直接原因是 Bristol 公司于 2001 年下半年将该专利打包折价出售给批发商，致使该专利的销售额急剧下降，相应的专利许可使用费也随之减少，最终项目失败。

4. IPXI 公司知识产权证券化案例

在美国芝加哥知识产权金融交易所上市的国际知识产权交易公司（Intellectual Property Exchange International Inc.，IPXI 公司）是全球首家以专利许可使用权为标的的知识产权证券化公司。专利权人通过向 IPXI 公司提供标准化专利审查文件（Unit Offering Scenarios，UOS 文件），并通过 ULR 合同（Unit License Right Contract）的独占许可方式将专利权许可给 IPXI 公司设立的特殊目的机构，即 IPXI 电子交易平台（以下简称"IPXI 平台"），同时在 ULR 合同中约定专利权普通许可份数、发行费率等条款，最后由 IPXI 平台发售 ULR 合同。购买者可通过发售的 ULR 合同使用专利，也可以再出售取得收益。这里以 IPXI 的 IPXP–IEEE802.1 标准相关的无线通信网络技术 ABS 为例。

1）知识产权证券化主客体及运作流程

IPXP–IEEE802.1 标准相关的无线通信网络技术知识产权证券化的主体是哥伦比亚大学、德国先进工业科技研究院、日本索尼公司等 20 个国家和地区的单位。无线通信网络技术 ABS 的客体中资产标的物是 194 项专利组合，以 194 项专利组合的非独占许可给其他一级市场购买者形成的专利许可费为基础资产。

IPXP–IEEE802.1 标准相关的无线通信网络技术 ABS 以专利权人的 194 项专利组合构成资产池，并在 IPXI 公司将专利挂牌，由专利权人向 IPXI 公司提供 UOS 文件，IPXI 公司进行专利审查，并通过 ULR 合同的独占许可方式将专利权许可给 IPXI 电子交易平台，最后一级市场购买者通过购买 IPXI 平台发售的 ULR 合同非独占许可使用专利，同时一级市场购买者也可将其再出售赚取收益。IPXI 公司无线通信网络技术 ABS 运作流程如图 5–6 所示。

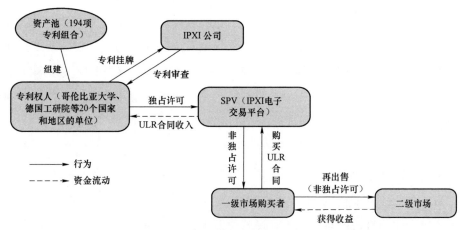

图 5-6　IPXI 公司无线通信网络技术 ABS 运作流程图

2）实施成效

IPXI 公司作为全球首家以专利许可使用权为标的的知识产权证券化公司，2013 年成立，仅维持运营了 2 年时间，运营期间官网披露的在售产品仅包含有机发光二极管技术、预付储值卡和 IPXP-IEEE802.1 标准相关的无线通信网络技术。

5.2　我国知识产权证券化的发展历程

我国在法制制度方面并没有提出开展知识产权证券化相关业务，但针对知识产权证券化出台了一系列政策。我国的知识产权证券化试点始于 2005 年，借鉴国外发展经验，我国的知识产权证券化尝试最先在电影版权证券化方面开始。2007 年，华谊兄弟传媒股份有限公司首先尝试以电影版权为底层资产发行债券面向市场融资 5 亿元。2011 年，电影《大唐玄机图》发行方在深圳前海金融资产交易所以出售证券化产品的形式募集资金 8 000 万元。2014 年 5 月，11 位资深影视制作人将影视作品版权的未来收益权转让给天德文化产权交易所，并以此为基础资产发行证券化产品。2015 年 8 月，星美控股集团有限公司以电影版权票房收入作为基础资产并成功发行 13.5 亿元的证券化产品，以支持其影院建设。其他还有一些以电影版权为基础设计的融资活动，但是以众筹模式为主，并不是严格意义上的知识产权证券化。

电影版权证券化尝试过程中，我国也在陆续颁布的多项文件中明确加强知识产权保护，支持鼓励知识产权证券化试点，包括 2015 年国务院制定的《关于新形势下加快知识产权强国建设的若干意见》、2017 年颁布的《国务院关于印发国家技术转移体系建设方案的通知》等。到 2018 年，我国知识产权证券化有了第一例成功实践——第一创业 – 文科租赁一期资产支持专项计划（以下简称"文科一期 ABS"）。文科一期 ABS 以文化科技企业的专利权、著作权、商标权等无形资产为租赁标的物，向企业提供资金支持，通过知识产权融资租赁业务直接为 400 余家文化科技企业提供了超过 80 亿元的融资支持，该业务在公司投放占比近 40%，其中中小企业项目占比超过 75%，民营企业项目比例为 92%，得到国家知识产权局、中国银行保险监督管理委员会等部门的充分肯定。

在文科一期 ABS 之后，我国又相继出现了北京奇艺世纪科技有限公司供应链金融资产支持专项计划（以下简称"奇艺世纪 ABS"）、兴业圆融 – 广州开发区专利许可资金支持专项计划（以下简称"凯得租赁 ABS"）、平安证券 – 高新投知识产权一号 ABS、浦东科创一期 ABS 和南山区 – 中山证券 – 高新投知识产权一号 ABS 等知识产权证券化的成功案例。其中奇艺世纪 ABS 的成功发行使北京爱奇艺科技有限公司（以下简称"爱奇艺"）的付费会员数量截至 2018 年 9 月底已经达到 8 070 万，同比增长 89%，为爱奇艺创造了 29 亿元人民币的收入，超过了 24 亿元人民币的在线广告收入，整体广告+会员的收入，让爱奇艺的版权产品在发行债券时成为优质的备书基础，也为爱奇艺的资本运作提供了良好的基础能力；凯得租赁 ABS 是我国首支纯专利权的知识产权证券化产品，发行规模达 3.01 亿元，债项评级达到 AAA，该产品一经销售，即获得中信银行等机构充分认可并积极认购，全场认购倍数达到 2.25 倍，最终该产品发行票面利率为 4.00%，创 2019 年 3 年以上期限资产支持证券票面发行利率新低。

第四篇 实践篇

第6章 典型实践案例

在各项政策的鼓励下，我国的知识产权证券化逐渐进入快车道，2018年12月至2021年1月间，共有24例规模较大的知识产权证券化产品得以成功发行。2018年12月，我国首支知识产权证券化标准化产品"文科一期ABS"在深圳证券交易所成功获批，该案例实现了我国知识产权证券化的零突破；2018年12月，"奇艺世纪ABS"实现了知识产权供应链金融证券化零突破；2019年9月，"凯得租赁ABS"首次尝试了专利许可反授权模式；2019年12月，平安证券－高新投资发展有限公司（以下简称"高新投"）知识产权一号资产支持专项计划首次以知识产权质押贷款债权为基础资产发行证券；2020年3月，上海浦东科创集团有限公司（以下简称"浦东科创"）一期知识产权资产支持专项计划（"疫情防控ABS"）发行；2020年3月，南山区－中山证券－高新投知识产权一期资产支持计划（"疫情防控ABS"）发行。下列列举截止到2021年11月26日以来，所有知识产权证券化发行案例：

编号	专项计划名称	发起/原始权益人	年份	发行金额/亿元	基础资产类型
1	中信证券－爱奇艺知识产权供应链金融资产支持专项计划3期	天津聚量商业保理有限公司	2021	6.0000	供应链

续表

编号	专项计划名称	发起/原始权益人	年份	发行金额/亿元	基础资产类型
2	宝安区－平安证券－高新投知识产权4号资产支持专项计划	深圳市高新投小额贷款有限公司	2021	2.0400	小微贷款
3	工银科创－深圳担保集团－深圳科技创新企业知识产权5期资产支持专项计划（福田区国高战新二期）	深圳市中小担小额贷款有限公司	2021	1.9000	小额贷款
4	南山区－高新投知识产权4号资产支持专项计划	深圳市高新投小额贷款有限公司	2021	2.9300	小额贷款
5	南山区－高新投知识产权3号资产支持专项计划（数字经济）	深圳市高新投小额贷款有限公司	2021	4.9800	小额贷款
6	长城嘉信－国君－广州开发区科学城知识产权商标许可资产支持专项计划	科学城（广州）融资租赁有限公司	2021	2.7500	融资租赁
7	粤开证券－中小担小贷－知识产权1期资产支持专项计划（创新南山人工智能专场）	深圳市中小担小额贷款有限公司	2021	1.9400	小额贷款
8	合肥兴泰－国元证券－科技创新企业知识产权第1期资产支持专项计划	安徽兴泰融资租赁有限责任公司	2021	1.5000	融资租赁
9	光明区－万和证券－高新投知识产权1号资产支持专项计划（首单模式4）	深圳市高新投小额贷款有限公司	2021	1.3800	小额贷款
10	龙岗区－平安证券－高新投知识产权2号资产支持专项计划	深圳市高新投小额贷款有限公司	2021	1.1200	小额贷款
11	福田区－平安证券－高新投知识产权3号资产支持专项计划	深圳市高新投小额贷款有限公司	2021	1.9400	小额贷款
12	华泰－江北扬子1期知识产权资产支持专项计划	南京江北新区扬子科技融资租赁有限公司	2021	1.0000	融资租赁
13	工银科创－深圳担保集团－深圳科技创新企业知识产权4期资产支持专项计划	深圳市中小担小额贷款有限公司	2021	1.5200	小额贷款

续表

编号	专项计划名称	发起/原始权益人	年份	发行金额/亿元	基础资产类型
14	南山区-高新投知识产权2号资产支持专项计划（中小企业）	深圳市高新投小额贷款有限公司	2021	2.290 0	小额贷款
15	宝安区-平安证券-高新投知识产权3号资产支持专项计划	深圳市高新投小额贷款有限公司	2021	2.960 0	小额贷款
16	西丽湖国际科教城-高新投知识产权资产支持专项计划	深圳市高新投小额贷款有限公司	2021	0.200 0	小额贷款
17	龙华区-万和证券-高新投知识产权1号资产支持专项计划（数字经济Ⅰ）	深圳市高新投小额贷款有限公司	2021	2.020 0	小额贷款
18	工银科创-深圳担保集团-深圳科技创新企业知识产权3期资产支持专项计划	深圳市中小担小额贷款有限公司	2021	1.380 0	小额贷款
19	中信证券-爱奇艺知识产权供应链金融资产支持专项计划2期	深圳前海联易融商业保理有限公司	2021	2.100 0	供应链
20	南山区-高新投知识产权1号资产支持专项计划（5G专场）	深圳市高新投小额贷款有限公司	2021	3.610 0	小额贷款
21	宝安区-平安证券-高新投知识产权2号资产支持专项计划	深圳市高新投小额贷款有限公司	2021	2.530 0	小额贷款
22	工银科创-深圳担保集团-深圳科技创新企业知识产权2期资产支持专项计划	深圳市中小担小额贷款有限公司	2021	2.720 0	小额贷款
23	宝安区-平安证券-高新投知识产权1号资产支持专项计划	深圳市高新投小额贷款有限公司	2021	3.230 0	小额贷款
24	工银科创-深圳担保集团-深圳科技创新企业知识产权1期资产支持专项计划	深圳市中小担小额贷款有限公司	2021	1.510 0	小额贷款
25	坪山区-南方中心-长江-1期生物医药产业知识产权资产支持专项计划	深圳南方知识产权运营中心有限公司	2021	1.010 0	小额贷款

续表

编号	专项计划名称	发起/原始权益人	年份	发行金额/亿元	基础资产类型
26	福田区－平安证券－高新投知识产权2号资产支持专项计划（战略新兴）	深圳市高新投小额贷款有限公司	2021	1.3900	小额贷款
27	业达智融－烟台开发区知识产权（人力资本）资产支持专项计划	烟台业达融资租赁有限公司	2021	3.0000	融资租赁
28	长城嘉信－国君－广州开发区科学城知识产权商标许可资产支持专项计划（首单商标权）	科学城（广州）融资租赁有限公司	2021	2.7500	融资租赁
29	兴业圆融－佛山耀达专利许可2期资产支持专项计划	广东耀达融资租赁有限公司	2021	2.5200	融资租赁
30	粤开－广州开发区金控－生物医药专利许可1期资产支持专项计划	广州凯得融资租赁有限公司	2021	2.0300	融资租赁
31	龙岗区－平安证券－高新投知识产权1号资产支持专项计划	深圳市高新投小额贷款有限公司	2020	2.4300	小额贷款
32	苏州工业园区第1期知识产权资产支持专项计划	苏州融华租赁有限公司	2020	0.4500	融资租赁
33	上银国际投资(深圳)有限公司2020年度第一期精诚建泉深圳南山区知识产权定向资产支持票据	上银国际投资(深圳)有限公司	2020	2.1000	未分类
34	南山区－中山证券－高新投知识产权3期资产支持计划(5G专场)	深圳市高新投小额贷款有限公司	2020	4.5500	小额贷款
35	南山区－中山证券－高新投知识产权2期资产支持计划（中小企业）	深圳市高新投小额贷款有限公司	2020	2.0000	小额贷款
36	浦东科创2期知识产权资产支持专项计划	上海浦创龙科融资租赁有限公司	2020	0.6700	融资租赁

续表

编号	专项计划名称	发起/原始权益人	年份	发行金额/亿元	基础资产类型
37	南山区–中山证券–高新投知识产权1期资产支持计划（疫情防控）	深圳市高新投小额贷款有限公司	2020	3.2000	小额贷款
38	浦东科创1期知识产权资产支持专项计划（疫情防控abs）	上海浦创龙科融资租赁有限公司	2020	0.3800	融资租赁
39	兴业圆融–佛山耀达专利许可1期资产支持专项计划	广东耀达融资租赁有限公司	2020	3.8100	融资租赁
40	中信证券–广州开发区新一代信息技术专利许可资产支持专项计划	科学城（广州）融资租赁有限公司	2020	2.3200	融资租赁
41	第一创业–首创证券–文化租赁1期资产支持专项计划	北京市文化科技融资租赁股份有限公司	2020	9.6900	融资租赁
42	中信证券–爱奇艺知识产权供应链金融资产支持专项计划1期	深圳市赢盛商业保理有限公司	2019	5.2700	供应链
43	平安证券–高新投知识产权1号资产支持专项计划	深圳市高新投小额贷款有限公司	2019	1.2400	小额贷款
44	第一创业–文科租赁一期资产支持专项计划	北京市文化科技融资租赁股份有限公司	2019	7.3300	融资租赁
45	兴业圆融–广州开发区专利许可资产支持专项计划（首单纯专利权）	广州凯得融资租赁有限公司	2019	3.0100	融资租赁
46	奇艺世纪知识产权供应链金融资产支持专项计划（首单知产供应链）	天津聚量商业保理有限公司	2018	4.7000	供应链
47	文科租赁三期资产支持专项计划	北京市文化科技融资租赁股份有限公司	2018	8.3900	融资租赁

续表

编号	专项计划名称	发起/原始权益人	年份	发行金额/亿元	基础资产类型
48	文科租赁二期资产支持专项计划	北京市文化科技融资租赁股份有限公司	2017	4.4800	融资租赁
49	文科租赁一期资产支持专项计划	北京市文化科技融资租赁股份有限公司	2015	7.6600	融资租赁

下面介绍 7 例典型的知识产权证券化产品案例。

6.1 文科一期 ABS

北京市文化科技融资租赁股份有限公司（以下简称"文科租赁"）于 2014 年成立，是北京文投旗下子公司，是一家主要为广大科技类企业提供融资租赁等综合性融资业务的融资租赁公司。2015 年 9 月，文科租赁在全国首创"知识产权租赁"，以文化科技企业的专利权、著作权等无形资产为标的物，向企业提供资金支持，充分盘活企业知识产权，开辟了除银行无形资产质押融资外的崭新融资道路。第一创业–文科租赁一期资产支持专项计划（以下简称"文科一期 ABS"）作为我国知识产权证券化的先行者，于 2018 年 12 月 14 日获批，2019 年 3 月 8 日发行，信用评级 AAA 级。

1. 知识产权证券化主客体及运作流程

文科一期 ABS 以文化科技企业为主体。主体中涉及范围包括著作权、专利权等。其中著作权主要集中在电影、电视剧、舞台剧、美术作品、动漫、网络游戏等领域；专利权主要集中在医疗、环保、新能源等领域，涉及实用新型专利、发明专利等。对于客体，文科一期 ABS 以文化科技企业的著作、专利等为标的物，以文化科技企业的著作权、专利权等 51 项知识产权未来的稳定现金流构成基础资产池。

文科一期 ABS 采用政府主导模式下的融资租赁（售后回租）模式，文科一期 ABS 以主体——文化科技企业为起点，由一家或多家文化科技企业的知识产权构成资产池，并将资产池转让给原始权益人/第一差额支付人（文科租赁），文科租赁向文化科技企业支付转让费用，然后，文科租赁将资产池中的知识产权回租给文化科技企业使用，同时以资产池中知识产权的未来现金流发行 ABS，投资者购买后专项计划取得的发行收入将流回专项计划，继续为文化科技企业提供融资服务。租赁期满后，文科租赁以名义价格向原文化科技企业转让无形资产。文科一期 ABS 运作流程如图 6-1 所示。

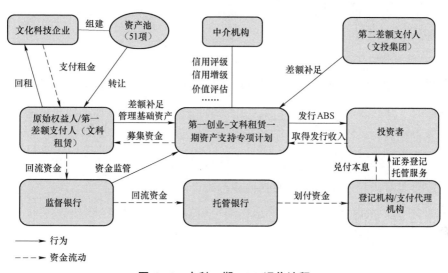

图 6-1　文科一期 ABS 运作流程

2. 实施成效

自 2015 年文科租赁在全国首创"知识产权融资租赁"以来，文科租赁已通过知识产权融资租赁业务直接为 400 余家文化科技企业提供了超过 80 亿元的融资支持，该业务在公司投放占比近 40%，其中中小企业项目占比超过 75%，民营企业项目比例为 92%，得到国家知识产权局、中国银行保险监督管理委员会等部门的充分肯定。

文科一期 ABS 在帮助融资困难的文化科技企业解决资金问题的同时，又能够保证文化科技企业的知识产权仍然为自己所用，并且也为今后我国政府主导知识产权证券化模式下的融资租赁模式的未来发展奠定了良好基础。

6.2 奇艺世纪 ABS

北京奇艺世纪科技有限公司成立于 2010 年，是爱奇艺旗下子公司，主要经营项目有计算机软件开发、技术咨询等，同时也是影视版权服务商之一。2018 年 12 月 18 日，由海南省市场监督管理局、海南知识产权局牵头，国家知识产权局、上海证券交易所等部门支持和指导的奇艺世纪知识产权供应链金融资产支持专项计划（以下简称"奇艺世纪 ABS"）成功获批，并于 2018 年 12 月 21 日成功发行，信用评价 AAA 级。

1. 知识产权证券化主客体及运作流程

奇艺世纪 ABS 以北京奇艺世纪科技有限公司为主体。涉及范围主要是无锡星时代影视文化传媒公司、上海辛迪加影视有限公司等影视内容制作企业转让给北京奇艺世纪科技有限公司的影视类知识产权。对于客体，奇艺世纪知识产权供应链 ABS 以上述内容制作公司转让的影视版权等为标的物，以内容制作公司向奇艺世纪提供影视版权产生的应收账款构成基础资产。

奇艺世纪 ABS 总体上与一般运作流程相似，但在组建基础资产池方面略有不同。奇艺世纪知识产权供应链 ABS 是政府主导模式下的供应链融资模式，在进行基础资产池构建时其实是以债权人向债务人转让影视版权等知识产权形成的应收账款作为基础资产。奇艺世纪 ABS 运作流程图如图 6-2 所示。

2. 实施成效

2018 年 12 月 21 日奇艺世纪 ABS 发行以来，募集资金达 4.7 亿元，同时也为北京爱奇艺科技有限公司（以下简称"爱奇艺"）拥有的《偶像练习生》《中国新说唱》等良性知识产权做了认定，知识产权的价值被政策和资本市场双重肯定。爱奇艺的付费会员数也大幅增长，为其带来的收入总额超过了在线广告的收入，不仅使爱奇艺的版权产品成为发行债券的优质背书基础，也为爱奇艺资本运作能力的提升奠定了良好的基础。

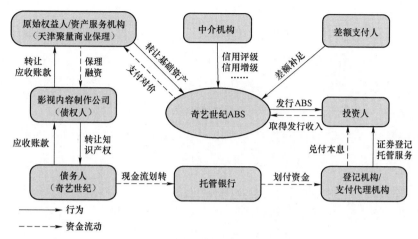

图 6-2 奇艺世纪 ABS 运作流程

奇艺世纪 ABS 能够有效缩短影视内容制作公司的应收账款周期，既满足知识产权证券化要求，又加快了知识产权转化，为今后我国继续开展政府主导模式下的供应链金融模式影视行业知识产权证券化奠定基础。

6.3 凯得租赁 ABS

广州凯得融资租赁有限公司成立于 2017 年 9 月，公司兼营与主营业务有关的商业保理业务（仅限融资租赁企业经营），租赁财产的残值处理及维修，租赁业务，向国内外购买租赁财产，租赁交易咨询和担保，融资租赁服务（限外商投资企业经营）等业务。2019 年 7 月 31 日，由广州开发区管委会牵头、广州开发区金融控股集团及下属广州凯得融资租赁有限公司为原始权益人和增信机构、兴业证券资管担任计划管理人的兴业圆融－广州开发区专利许可资金支持专项计划（以下简称"凯得租赁 ABS"）在深交所成功获批，并于 2019 年 9 月 11 日发行，信用评级 AAA 级。值得注意的是，该项目是纯专利的知识产权证券化产品。

1. 知识产权证券化主客体及运作流程

凯得租赁 ABS 以科技型中小民营企业为主体。主体涉及的范围仅包括广州华银医学检验中心有限公司、广东佳德环保科技有限公司、广州立达尔生物科技股份有限公司等 11 家科技型中小民营企业,且仅有专利权,是我国首例纯专利知识产权证券化产品。专利权主要包括实用新型专利、发明专利等。对于客体,凯得租赁 ABS 以科技型中小民营企业的专利为标的物,以 11 家科技型中小民营企业的 103 件发明专利和 37 件实用新型专利的专利许可费用构建专利资产池。

凯得租赁 ABS 的模式是政府主导模式下的知识产权"二次专利许可"模式。广州凯得融资租赁有限公司从 11 家科技型中小民营企业那里取得相关专利的约定权益和再许可权利,并一次性向企业支付 5 年期的专利许可费用,然后再以二次专利许可的方式将专利转授予原专利企业,专利客户取得使用相关专利生产销售产品的权利,并按季度向广州凯得融资租赁有限公司支付二次专利许可使用费。该模式与文科一期 ABS 采用的售后回租方式类似,只是文科一期 ABS 使用了租回的方式让企业取得专利的使用权,而广州凯得租赁 ABS 则是使用专利二次专利许可的方式将专利提供给原企业使用。凯得租赁 ABS 的运作流程如图 6–3 所示。

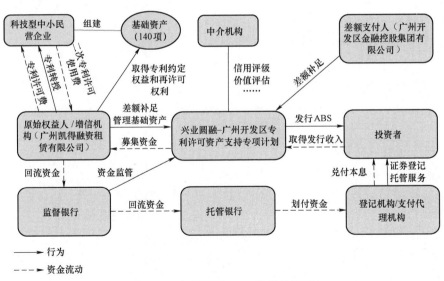

图 6–3 凯得租赁 ABS 的运作流程

2. 实施成效

凯得租赁 ABS 发行规模为 3.01 亿元,产品一经销售,即获得中信银行等机构充分认可并积极认购,全场认购倍数达到 2.25 倍,最终该产品发行票面利率为 4.00%,创 2019 年 3 月以来资产支持证券票面发行利率新低。凯得租赁 ABS 得到金融股、知识产权等主管部门的鼎力支持。

凯得租赁 ABS 紧扣区域科技创新和实体产业,帮助广州开发区内科技型民营中小企业解决融资问题,同时作为全国首支纯专利权的知识产权证券化产品,具有较强的示范意义,并有效支持了我国未来政府主导模式下的知识产权"二次专利许可"模式的发展。

6.4 平安证券–高新投知识产权一期 ABS

作为我国主流券商之一的平安证券股份有限公司(以下简称"平安证券"),成立于 1991 年 8 月,隶属于中国平安综合金融服务集团,总部位于深圳。2019 年 8 月和 12 月国家相关部门和深圳相关部门颁发的文件中均明确指出积极探索知识产权证券化,进行知识产权证券化试点的要求。平安证券积极响应国家和地方的政策号召,在深圳市市场监督管理相关部门(深圳市知识产权相关部门)、深圳市地方金融监督管理局、中国人民银行、深圳证监局、深圳银保监局、深圳证券交易所等相关部门大力支持下,成功设立平安证券–高新投知识产权一期 ABS。

1. 知识产权证券化主客体及运作流程

平安证券–高新投知识产权一期 ABS 的主体是民营科创型中小企业,该项目以高新投小贷公司对轻资产企业发放的知识产权贷款为基础资产。民营科创型中小企业将其拥有的知识产权质押给高新投小贷公司,高新投小贷公司为其提供贷款,得到质押的知识产权后,高新投小贷公司将其持有的小贷债权及附属担保权益转让给该专项计划,并发行 ABS。贷款由高新投担保公司提供连带责任担保,并由高新投集团在专项计划层面对优先级本息提供增信,增信形式为差额支付。平安证券–高新投知识产权一期 ABS 运作流程如图 6-4 所示。

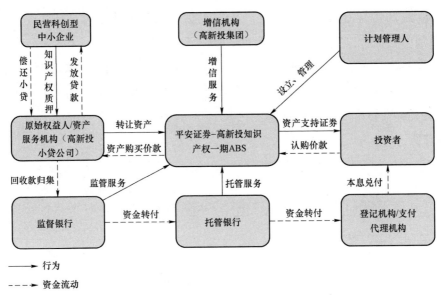

图 6-4 平安证券-高新投知识产权一期 ABS 运作流程

2. 实施成效

平安证券-高新投知识产权一期 ABS 是深圳市首单知识产权 ABS 产品，同时也是全市场首单以小额贷款为基础资产类型的知识产权 ABS 产品。该项目首期产品发行规模 1.24 亿元，项目的成功设立对解决深圳民营科创型中小企业融资难、融资贵问题具有重大作用，同时也为深圳市努力建设成为先行示范区，国家探索发展知识产权证券化发展提供了强大动力和重要实践基础。

6.5 浦东科创一期 ABS

上海浦东科创集团有限公司成立于 2016 年，主营创业投资、实业投资、投资管理、企业管理咨询、财务咨询、资产管理创业孵化器管理、高科技项目经营转让等业务。上海浦东科创集团积极响应国家对于探索知识产权证券化的号召，疫情期间上海浦东科创集团作为主发起人，完成了浦东科创一期知识产权资产支持专项计划（"疫情防控 ABS"）的发行。

1. 知识产权证券化主客体及运作流程

浦东科创一期 ABS 以科技类小微企业为主体。以 9 家涵盖生物医药、高端制造、电子设备以及电信服务领域的高科技小微企业的发明专利为基础资产构成资产池，9 家科技类小微企业中，3 家企业均为疫情防控领域的医疗企业。在该 ABS 项目中，9 家科技类小微企业首先作为许可方将其拥有的发明专利授予浦创龙科融资租赁，浦创龙科融资租赁取得专利独占许可和再许可权利，并一次性支付专利许可使用费。在这之后 9 家科技类小微企业转变为被许可方，上海浦创龙科融资租赁有限公司以许可方的身份将各项专利许可给企业使用，企业需每季度向上海浦创龙科融资租赁有限公司支付专利许可使用费，以此形成基础资产的未来现金流发行 ABS。该计划的原始权益人是上海浦创龙科融资租赁有限公司，其将分散的知识产权以独特资产构建的方式打包进行融资；资产服务机构是上海浦东科创集团有限公司旗下的上海浦东科技融资担保有限公司；差额支付承诺人是上海浦东科创集团有限公司。浦东科创一期 ABS 的运作流程如图 6-5 所示。

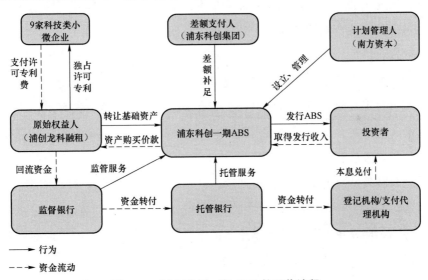

图 6-5　浦东科创一期 ABS 的运作流程

2. 实施成效

2021 年 3 月，浦东科创一期 ABS 完成了首期发行，优先级的发行利率为 3.59%，储架规模为 10 亿元。该项目的成功实施在为高新技术企业的发展提供强大动力的同时，也将难估值、难流通的专利转化为有力的融资工具，为科技类小微企业融资提供了新道路。

6.6 南山区-中山证券-高新投知识产权一期ABS

深圳市南山区是全国知名经济大区、科技强区、创新高地。2019年8月中共中央、国务院发布《中共中央 国务院关于支持深圳建设中国特色社会主义先行示范区的意见》，文件中明确提出探索知识产权证券化，规范有序建设知识产权和科技成果产权交易中心的要求，南山区积极响应国家号召进行试点，并于2020年3月25日成功发行南山区-中山证券-高新投知识产权证券化产品。

1. 知识产权证券化主客体及运作流程

南山区-中山证券-高新投知识产权一期ABS的主体是对本次疫情防控有间接贡献的生物制药、医疗器械行业高新技术企业，产品发行前期，南山区对辖区内超过4000家持有知识产权的企业依据企业融资需求进行筛选，并向金融机构进行精准推荐。最终选出兴森快捷电路科技股份有限公司、海能达通信股份有限公司、创维数字股份有限公司、安智捷科技有限公司、麦科田生物医疗技术有限公司、润贝化工有限公司、新纶科技股份有限公司、瑞沃德科技有限公司、翰宇药业股份有限公司、康美生物科技股份有限公司、开立生物医疗科技股份有限公司和菲鹏生物股份有限公司等12家企业。在本ABS产品中，12家企业作为基础资产借款人将其持有的知识产权质押给高新投小贷公司，并以深圳市高新投小额贷款有限公司对12家高新技术企业的债权为基础资产发行了ABS，12家企业以其优质的知识产权资产受到了资本市场的高度欢迎。南山区-中山证券-高新投知识产权一期ABS运作流程如图6-6所示。

2. 实施成效

南山区-中山证券-高新投知识产权一期ABS是深圳市首个疫情防控知识产权证券化专项产品，也是全国首支百分百服务"战疫"企业的知识产权证券化产品，其以3.2亿元的发行规模、3.3%的发行利率、AAA的优先级评级、2.98%/年的低融资成本助力高新技术企业解决融资问题，极大地鼓舞了疫情影响下该类企业的投资热情，该产品的审批额度更是高达 10.32 亿元。除此之外，该产品得到了国家知识产权局的大力支持，高新技术企业质押登记启用绿色通道，登记过程中采用线上申报，并可以急收急办和快速处理，企业当天即可完成电子化登记取得专利质押登记通知书。该产品以其明确的抗疫主题、优质的知识产权、金融市场的高度认可、低廉的融资成本等特点，为我国知识产权证券化的向好发展奠定了坚实基础。

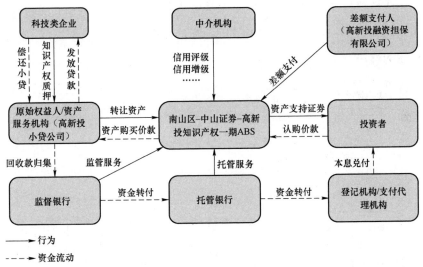

图 6-6　南山区-中山证券-高新投知识产权一期 ABS 运作流程

6.7 "粤开-广州开发区金控-生物医药专利许可 1-5 期资产支持专项计划

1. 知识产权证券化主客体及运作流程

"粤开-广州开发区金控-生物医药专利许可 1-5 期资产支持专项计划"由广州开发区金控集团控股券商粤开证券作为计划管理人和牵头销售机构，下属全资企业广州凯得融资租赁公司作为发行主体和原始权益人。产品发行总规模为 5 亿元，首期发行规模为 2.03 亿元，重点面向生物医药类企业，涉及生物制药、大健康服务及体内外诊断等多个细分领域，将助力生物医药企业获得效率更高、成本更低、风险更小的资金融入。

首期产品基础资产为香雪制药公司、华银医学公司等 10 家企业的近百项核心专利权的许可费用，每家融资企业可获得 1000 万至 3000 万元不等资金支持。值得关注的是，入池企业大都是在疫情防控阻击战中发挥重要作用的抗疫明星企业。其中，华银医学作为广东省指定承接新型冠状病毒感染的肺炎第三方检测机构，已累计完成核酸检测超过 400 万例；万孚生物通过 1 平方米 POCT 伴随快检室，最快 15 分钟可出具检测结果，为 CDC、医疗机构、社区和基层医疗等场景，提供针对性的解决方案。

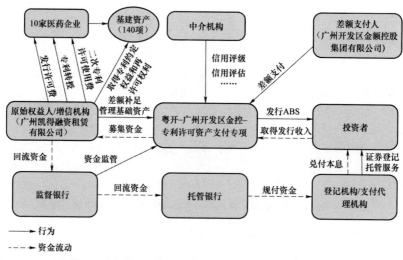

图 6-7 粤开-广州开发区金控-专利许可资产支付专项

2. 实施成效

本次发行的生物医药知识产权证券化产品有三大亮点。一是融资企业行业聚焦，由之前产品涉及多个行业转变为单一生物医药行业，有利于集中资源支持重点行业，并更好地控制业务风险；二是资金支持力度加大，单一客户融资额由最低 300 万元提高至 1000 万元，企业获得融资金额从 1000 万元至 3000 万元不等，更好地满足企业生产经营的实际资金需求；三是企业融资效率提升，从接洽至企业实现融资基本控制在三个月内。

黄埔区、广州开发区是广州生物医疗产业的核心区，目前区内聚集超过 600 家生物医药企业，形成了医药制造、医疗器械、干细胞与再生医学、精准医疗、体外诊断、检验检测等六大核心产业。在抗击新冠肺炎疫情的关键时刻，该区在检测试剂和治疗药物研发等方面全国领先，形成了以科技创新作为抗击疫情主力军的"广东密码、黄埔现象"。

第 7 章 中国实践经验总结

7.1 中国知识产权证券化模式的创新模式总结

按照分类标准不同,资产证券化的模式有很多种。按照政府参与程度的不同,可以分为政府主导模式、市场主导模式、政府主导和市场主导相结合模式。按照特殊目的主体(Special Purpose Vehicle,SPV)设置的不同,分为特殊目的信托(Special Purpose Trust,SPT)模式、特殊目的公司(Special Purpose Company,SPC)模式、特殊目的合伙(Special Purpose Partnership,SPP)模式。按照底层资产的不同,分为房屋抵押贷款资产证券化、应付款保函资产证券化、基础设施资产证券化、特许经营权资产证券化等。本章以知识产权为底层资产的资产证券化产品,基于对 6 个案例知识产权证券化产品的分析,这里从原始权益人获取知识产权的方式以及基础资产的设计角度,将知识产权证券化分为融资租赁债权模式、二次许可收益模式、应收账款债权模式和小额贷款债权模式 4 种类型。

1. 融资租赁债权模式

文科一期 ABS 是国内首次尝试融资租赁债权模式的知识产权证券化产品。文科一期 ABS 是以充分利用中小企业的知识产权、服务中小企业融资难问题为起点。

（1）由多家文化科技企业将 51 项著作权、专利权构成知识产权资产池，其中著作权主要集中在影视剧、舞台剧、美术作品、动漫、网络游戏等领域，专利权则涉及实用新型专利、发明专利等。

（2）企业将知识产权资产池的所有权转让给原始权益人文科租赁，文科租赁一次性支付转让费用，中小型文化科技企业获得一次性融资。同时，文科租赁又将资产池中的知识产权以售后回租的形式租给原来的知识产权所有权人使用，这样保证了文化科技企业可以继续使用知识产权，并且按照合同约定在未来定期支付租金。

（3）文科租赁以资产池中知识产权的未来租金现金流作为基础资产，设计发行知识产权证券化产品，面向投资者发售，并取得发行收入。发行收入将流回专项计划，继续为文化科技企业提供融资服务。租赁期满后，文科租赁以名义价格向原文化科技企业转让知识产权。

2. 反向许可（再许可）收益模式

凯得租赁 ABS 是国内首次尝试二次许可收益模式的知识产权证券化产品，浦东科创疫情防控一期 ABS 以类似的模式成为国内首单疫情防控知识产权证券化产品。凯得租赁 ABS 是国内首只以纯专利为底层资产的知识产权证券化产品。

（1）11 家民营中小科技型企业将 103 件发明专利、37 件实用新型专利组成专利池。

（2）11 家企业与凯得租赁分别签订专利许可合同，将专利池所有知识产权以独占许可方式许可给凯得租赁，凯得租赁一次性向企业支付 5 年的专利许可费用，并获得这些专利的再许可权。同时，凯得租赁再与 11 家企业分别签订专利二次许可合同，将专利反向许可给原专利权人，以保证 11 家企业可以利用原有专利开展正常的生产经营活动。企业按每个季度向凯得租赁支付专利二次许可费用。

（3）凯得租赁以每个季度可以收取的专利许可费未来现金流作为基础资产，设计发行知识产权证券化产品，实现资产隔离和风险隔离，并出售给投资者，获得融资。

3. 应收账款债权模式

奇艺世纪 ABS 是国内首次尝试依托供应链核心企业开展应收账款债权模式

的知识产权证券化产品。

（1）多家中小型影视内容制作公司将自身的知识产权转让给奇艺世纪，获得应收账款债权。

（2）中小企业将应收账款债权以商业保理形式转让给天津聚量商业保理有限公司，中小企业一次性获得聚量保理支付的保理融资款。

（3）聚量保理以奇艺世纪应定期支付的应收账款债权为基础资产，设计发行知识产权证券化产品，并出售给投资者。除了进行相关的增信设计之外，供应链核心企业奇艺世纪也为奇艺世纪 ABS 的资产风险提供了信用保障。

4. 小额贷款债权模式

高新投知识产权一期 ABS 是国内首单以小额贷款债权为基础资产类型的知识产权 ABS 产品，也是中国特色社会主义先行示范区首单知识产权证券化项目，高新投知识产权一期疫情防控 ABS 也采用类似模式。高新投知识产权一期 ABS 以中小企业小额贷款的发放和本息回收为基础来进行产品设计。

（1）15 家民营科技型企业以其拥有的专利、软件著作权、实用新型等知识产权向高新投小贷公司提供质押，高新投小贷公司向中小企业提供贷款。

（2）高新投小贷公司以定期应收贷款本金和利息作为基础资产，设计发行知识产权证券化产品，并出售给投资者获得融资。深圳市高新投融资担保有限公司为知识产权质押贷款业务提供担保，也增加了高新投知识产权一期 ABS 的信用保障。

7.2 关键要素设计总结

近期实施的 6 个案例以 4 种不同的模式构建了知识产权证券化产品，为我国知识产权证券化的后续发展提供了有益的尝试和借鉴意义。下面从产品定位、基础资产、增信体系、运作机制等几个方面对中国情境下知识产权证券化的模式设计进行分析和讨论。

7.2.1 产品定位设计

根据传统资产证券化的底层资产来源不同，资产证券化可以分为服务于单个企业的资产证券化和服务于多企业的资产证券化两类。例如，基础设施收费（如高速公路收益权）资产证券化项目的底层资产往往来源于单个基础设施建设企业，而信贷资产证券化项目的底层资产往往来自多个企业。从知识产权证券化项目的实施看，国内外也有许多基于单企业知识产权构建的案例。例如，日本的 Scalar 公司 2003 年实施的专利证券化、2000 年耶鲁大学的艾滋病新药专利证券化等。总体上看，美国和欧洲的知识产权证券化大都是面向单一的大规模企业来开展的，而日本则在政府引导下积极开拓面向科技型中小企业的知识产权证券业务。从我国案例的实践看，中国情境下知识产权证券化的产品服务对象定位于科技型中小企业组合，充分利用中小企业的知识产权优势，解决其融资难问题。由于中小企业的业务规模限制，单一企业的知识产权未来现金流量可能有限，因此，6 个案例都利用多个中小企业的知识产权组合来组建资产池，以此为基础来设计知识产权证券化产品。与中小企业相比，大型企业的融资渠道和融资方式选择更多，因此，面向科技型中小企业组合设计发行知识产权证券化产品更加适应当前我国科技型中小企业的发展需求。

7.2.2 基础资产设计

资产证券化产品基础资产的最基本要求是未来现金流的稳定性。6 个案例中，分别以售后回租的租金债权、二次许可收益、质押贷款债权和知识产权转让应收账款债权设计了基础资产，其中，只有应收账款债权模式的奇艺世纪 ABS 的未来现金流来自供应链核心企业，而其余 5 个案例的未来现金流均来自知识产权的原权利人。一方面，从单个企业信用的角度来看，供应链核心企业北京奇艺世纪科技有限公司为未来现金流的稳定做出了更好的保障，因此借助供应链金融与知识产权证券化的结合，是未来可以挖掘的一个发展方向。另一方面，从日本的 Scalar 公司的专利证券化、耶鲁大学的艾滋病新药专利证券化以及美国 IPXI 公司专利证券化运作的经验看，专利二次许可的范围可以不仅仅局限于原权利人，如果能够将二次许可范围扩展到其他社会企业,在实现融资的同时,也可以进一步推动知识产权的运用,提高知识产权的利用效率。这也是中国情境下知识产权证券化发展未来考虑拓展的一个方向。

7.2.3 增信体系设计

由于知识产权自身的属性问题,除了要承担传统资产证券化产品的风险之外,知识产权证券化风险还来源于知识产权资产的价值波动性、未来需求性的不确定性以及知识产权处置风险等。因此,需要对增信系统进行更系统的设计,最大限度降低投资者风险。事实上,耶鲁大学艾滋病新药专利证券化和美国IPXI公司专利证券化在发行后由于风险问题都导致了投资者的损失。从6个案例看,都设计了多种增信来保证资产的安全性。

(1)对入选企业及其知识产权进行严格的筛选,组成科技型中小企业专利池,且企业按照融资额的一定比例交纳风险保证金,风险保证金可以保证在有个别企业违约时仍有现金流偿付。

(2)在基础资产设计时,可以安排一定的担保机制,提高基础资产的信用等级。

(3)将证券化产品实施优先级和次级证券结构化分层。

(4)基础资产未来产生的现金流,设计为优先级证券应付利息和本金之和的一定倍数。

(5)由国有企业作为差额支付承诺人,若基础资产产生的现金流不足以支付优先级证券应付利息和本金之和时,将补足差额部分,并提供流动性支持。

多种的增信体系设计能够更好地保障投资者利益,提高知识产权证券化产品发行时的市场吸引力。其中,以国有企业作为次级证券投资者和差额支付承诺人也体现了中国情境下知识产权证券化的中国特色,在当前背景下发挥着重要作用。

7.2.4 运作机制设计

与传统资产证券化的运作相比,除了风险因素更加复杂之外,知识产权证券化的运作机制也呈现出一定特征。例如,需要集合多个中小企业的知识产权构建有效资产池，这可以通过与知识产权运营服务机构的合作来实现。知识产权证券化的运作需要知识产权方面的专业人才，而金融机构往往在这方面并没有优势，因此可以通过与专业中介服务机构的合作来解决。在我国的6个案例中，商业保理公司、科技租赁公司、小额贷款公司成为知识产权证券化的发起人，而作为传统资产证券化最常见发起人的信托企业，还没有在知识产权证券化的实践中发挥更大的作用。另外，一旦知识产权证券化业务发生违约，如何开展底层资产知识产权的处置。这些问题都需要在运作机制设计时加以考虑。

第五篇 展望篇

第8章 我国知识产权证券化发展面临的挑战和建议

8.1 我国知识产权证券化发展面临的挑战

在我国,知识产权证券化融资相比较于发达国家较完善的知识产权证券化融资制度存在有很大的差距。目前作为一项新兴的企业融资方式,知识产权证券化在我国的发展还是面临很多的困难和问题,这里从资金需求方(发起人)、中介市场方(特设载体、信用评级和增级机构)、知识产权制度环境和投资方4个方面来分析知识产权证券化所面临的挑战,见表8-1。

表8-1 我国知识产权证券化面临的挑战

方面		面临的挑战
资金需求方 (发起人)	认知问题	只重视研发阶段
		不能把价值转换成经济效益
	自身问题	高风险、高收益、规模小、知识产权服务成本高
		管理制度不完善,缺乏知识产权的专业人才
中介市场方(特设载体、信用评级和增级机构)	特设载体	知识产权估值难、处置的流动性难
		SPV在金融市场中份额低、无话语权
		公司法、合伙企业法、信托法的制约

续表

方面		面临的挑战
中介市场方（特设载体、信用评级和增级机构）	信用评级和增级	信用评级体系发展缓慢且不完善
		信用评级机构审核范围受限
		超额抵押方式的法律的缺陷
知识产权制度环境	自身特性	未来现金流难确定
		未来现金流不稳定
	法律制度	产权范围不稳定
		知识产权可重复授权
投资方		缺乏相关知识产权专业领域知识

8.1.1 知识产权证券化资金需求方的挑战

通常采用知识产权证券化方式融资的都是大型企业，而这些大型企业往往不缺乏融资渠道。相反，一些拥有大量知识产权的科技型企业，缺少融资渠道的小型企业在实际工作中却无法利用自身的知识产权开展融资业务。目前，我国科技企业管理者大多缺乏现代企业管理经验，企业知识产权管理体系不完善，组织结构混乱，知识产权专业人才有限。同时，科技型企业存在高风险、高收益、规模小等问题，加上知识产权制度的不完善，这些都给知识产权证券化信用评级带来负面的影响。其次，大多数科技企业只关注研发阶段，不利用知识产权的价值转化为经济效益。当企业将一项技术研发出来之后，没有专门的知识产权管理部门从事后续的管理和保护，致使企业对自己的知识产权认识不清，这不利于选择企业的基础知识产权资产，也不能迅速有效地建立一个"资产池"。

8.1.2 知识产权证券化中介市场方的挑战

1. 特设载体方面

首先，我国知识产权证券化发展历史较短，证券行业中特殊目的载体或机构（SPV）在整个金融市场的份额少且没有话语权。不同的专利、版权等知识产权的价值相差很多，只有少量的知识产权具有很高的价值，但大多数知识产权价值不高。在众多知识产权中找出哪些有融资价值的基础资产就很不容易，更困难的是，知识产权的价值取决于未来现金流的预测，但是这种预测难以实现。因为技术的更新、技术市场的不稳定性和信息不对称性都严重影响了知识产权的估值水平。另外，知识产权价值还跟知识产权的可实施性相关。

除此之外，《中华人民共和国公司法》在组织机构和提取公积金方面都对SPV设立有所制约。首先，《中华人民共和国公司法》规定发行债券的股份公司的净资产不得低于3000万元，发行债券的有限公司的净资产不得低于6 000万元，对于具有复杂结构的公司型SPV而言成本太高；其次，《中华人民共和国公司法》规定公司在分配当年税后利润时，应当提取利润的10%列入法定公积金用于弥补亏损、扩大公司规模或转增股本。但是，SPV的设立是为了证券化发行销售服务，它需将绝大部分收益返还给投资者，保证投资者的利益，其自身基本不可保留利润，这种操作明显与现行的公司法律制度相左。

同时，《中华人民共和国合伙企业法》对公司成为普通合伙人以及对有限合伙人数进行双重限制的情况下，有限合伙型SPV的筹资以及资产运作能力都有所降低。其次，SPV的核心作用是实现风险隔离，即融资方在将基础资产转移给SPV后，该基础资产便独立于原融资方，即便是该融资方破产也不可影响投资人对该资产的权益。但是，《中华人民共和国合伙企业法》规定，合伙企业依法被宣告破产的，普通合伙人对合伙企业债务仍应承担无限连带责任。这便说明目前我国的有限合伙型SPV并不能起到风险隔离的作用。并且《中华人民共和国信托法》规定如果出现了作为共同受益人的委托人死亡或者依法解散、被依法撤销、被宣告破产等情况时，信托财产是会被纳入破产财产中，此时，信托型SPV同样不能做到完全破产隔离。

2. 信用评级和增级方面

我国信用评级体系发展较为缓慢，并且不完善，目前我国评级机构主要分为全国性的和地方性的两类。其中大部分是地方性的信用评级机构，针对地方发行债券进行自主审核风险，只有大公国际资信评估有限公司、联合资信评估有限公司、远东资信评估有限公司和中国诚信信用管理有限公司属于全国性的信用评级机构。与穆迪（中国）信用评级有限公司、惠誉国际信用评级有限公司、标准普尔评级公司三大国际信用评级机构相比，市场占有份额相当有限，毫无竞争优势可言，并且随时有被兼并的可能。信用评级在国内的处境对我国经济健康发展极为不利，不但致使国内的信用评级机构无法顺利参与国内外金融活动，尤其是利用知识产权证券化进行融资行为的主权评级，而且还危害到国家金融安全和主权安全。为此，应充分认识到我国信用评级体系与国际上的差距。

在信用内部增级中常采用的超额抵押方式存在缺陷，因为超额或折价的方式与交易等价有偿原则不相符，因此发起人在申请破产时易被法院以违反该原则而宣告无效，从而导致合同被撤销，无法实现"风险隔离"。另外，内部信用增级中常采用发起人追索权，即投资者在本息不能得到偿付时，可向发起人追索，要求发起人偿付的权利。这种担保方式可能产生"实体合并"的风险，危害商标证券化的发展。同时，外部增级中也存在着管理规范不足，担保公司对超过其体量的证券化项目提供担保以及担保多个项目，这种情况下如果项目出现问题，则担保公司一般都没有能力清偿。

8.1.3　知识产权制度环境的挑战

1. 知识产权自身特性

知识产权证券化比传统资产证券化更复杂，知识产权证券化发展的瓶颈，主要包括知识产权价值评估难、未来收益稳定性差等。鉴于知识产权独特的无形性等特点，使得知识产权价值评估变得十分困难。知识产权固有的无形性以及地域性限制、时间性限制也使得知识产权这一特殊资产难以预计和测算其未来的收益。尤其是专利领域，技术的发展变化极容易导致供求结构的改变，进而影响知识产权的现金流。再如，专利技术水平的高低与保护力度直接影响知识产权的价值，技术水平高则被复制、模仿、超越的可能性就低，保护力度低则被复制、模仿、超越的可能性就高，从而影响知识产权的价值及未来现金流的稳定性。

市场价值的不确定性。知识产权及其衍生权利的价值，受到消费者、市场条件和替代品等因素的影响极大，因此市场的价值可能在很短的时间内产生变化。这种市场价值的不确定性和不稳定性，无疑给知识产权证券化带来比其他资产证券化更多的风险，自然局限了知识产权证券化的发展。价值难以确定的原因除了市场因素，还可能来自知识产权权利人本身。被授权人向发起人取得授权的原因，除了知识产权本身外，通常还因为考虑到发起人本身的市场规模、经营团队组成以及其所能掌控的相关资源。即使某一项知识产权可以从授权中产生巨大的现金流，但该知识产权与发起人隔离拍卖时，其将脱离发起人所掌握的资源，因而能够变现的价值可能相当有限。这种市场价值的不确定性，同样局限了知识产权证券化的发展。

2. 知识产权所处法律环境

知识产权因其可重复利用性、产权范围不确定性等使基础资产的选择变得困难，更是使构建资产池的困难加大。

（1）产权范围不稳定性，知识产权的存在是法律运作下的人为行政结果，而不是在经济活动中自然出现的。知识产权原始权利的取得以及权利范围的界定，势必有人为行政的参与。不论是审查程序还是审查程序外的司法程序，随时都可能造成知识产权权利范围的变化或消灭。而一旦出现这种情况，由其产生的现金流便受到影响，甚至可能消失，证券投资人便无法获得预期的本息偿付。知识产权而言，侵权或无效案件的判断具有高度专业性，也常有模糊地带，因此在技术上很难通过一般法律的尽职调查和有效辨明。即使有相关领域的专家协助，有时也未必能绝对确定权利的范围。

（2）知识产权的可重复授权性是异于其他被证券化资产的重要特性，知识产权在每次授权中，都会产生新的合同债权。这种可无限重复利用的性质，从一个角度来说是知识产权的潜力所在。但是，从另一个角度来说，却也产生了其他资产证券化所没有的风险。假设发起人在证券化交易后对新的被授权方进行授权，虽然发起人可因此得到新的收益，但却可能因被授权人总数的增加而使原被授权方面临竞争，甚至收益下降。

8.1.4 知识产权证券化投资方的挑战

根据我国《信贷资产证券化试点管理办法》规定了信托型 SPV 可以发行信托受益权证，但是只能在银行间债券市场进行交易，这就意味着只有符合资质的银行、金融企业以及符合一定标准的个人投资者才可以购买，普通投资者或者投资机构则无法购买。这就不利于信托受益凭证的发行与流通。因此在实务中一般信托的受益权证都是采用私募的方式发行，也即对特定对象发行。《中华人民共和国信托法》及《中华人民共和国证券法》都没有对这种信托受益权证进行规定，其发行及交易等操作仍属于空白。因此，大多数投资者即使购买了受益权证，只能等待分配收益，无法像股票或债券一样在二级市场交易。这种实际操作并不能有效实现委托方融资的目的，对于增加了投资者的负担。同时，知识产权证券化涉及领域较为广泛，包含法律、财务、高科技、企业经营等方面，导致知识产权证券产品的投资人在判断知识产权证券化产品投资价值时，须具备相关专业领域知识。

8.2 我国知识产权证券化发展的建议

8.2.1 政策层面的建议路径

从政策层面出发，国家一方面要完善相关法律法规和知识产权担保登记制度，另一方面要完善评级机构方面的建设。

1. 完善相关的法律法规

（1）加大知识产权保护力度。知识产权证券化面临着知识产权保护与维权和知识产权的评价与估值两个难题与风险。如果知识产权保护乏力，则会严重侵害知识产权权利人的利益，直接影响知识产权的评价与估值，更为严重的是，它会严重挫伤企业创新的积极性。为改善知识产权市场环境和金融服务能力，需要进一步完善知识产权保护法律制度，构建司法保护、行政保护、仲裁调解、维权服务综合知识产权保护管理体制。

（2）完善信用评级相关的法律法规，实施行业约束激励。对信用评级机构中各当事人的权利义务、评级机构的资质认定标准、主管部门的监管职责、机构的信息公开等内容做出详细的规定，尤其是要增强信用评级机构的透明度，强化投资者的权益保护，建立信用评级机构重大评级失误的惩罚机制，加强信用评级机构监管的国际合作，消除信用评级中的信息不对称，为评级机构的依法成立、合法经营、有序竞争提供法律依据。

（3）大力推进资产的将来债权让与入法，知识产权证券化过程中将来债权产生的现金流才可能得到切实保护。

（4）确立将来债权让与的通知方式。通过公告的形式通知债务人，在债务人不完全确定的情形下，债权人通过公告，让现有的和潜在的债务人收到交易信息。此外，在知识产权证券化过程中，逐一通知方式效率低且成本高，若采用公告方式则可避免逐一通知方式的弊端。

2. 完善知识产权担保登记制度

根据我国法律规定不同种类知识产权的担保登记机构和登记方式不同，资产池内知识产权便要在不同管理部门依据各部门现行规定进行登记。不仅操作程序烦琐、耗时费力而且也大大增加了登记的费用。因此，可以统一登记机构和登记程序，如指定某一个专门部门负责登记情况，后以市场主体为单位拟进行一次性的批量登记方式，可以促进知识产权交易市场的快速有序发展。

3. 加强对外资评级机构的监管

为避免国内信用评级市场完全被国外知名评级机构垄断，金融安全免受国外威胁，我们应该加强对外资的评级机构进行监管。首先，实行人民银行为主的监管方式；其次，加强对外来信用评级机构在国内的经营范围的监管，限制其发展速度和发展规模，帮助国内信用评级机构在国内能够充分发展。

4. 设立政府主导的公共产品信用评级机构

由政府针对公共产品设立信用评级机构，可以自主决定为关系到国计民生的知识产权进行评级，结果及时向社会各界公开，接受公众的意见与评论，增加评级机构的透明度。而且政府主导的信用评级机构通过财政支持可以解决由于经费不足导致评级质量低下的情况，提高评级的可信度，为民生工程的准确评级做出贡献。最重要的是，政府主导的信用评级机构具有较高的权威性，可以获取普通公众无法知悉的信息，降低信息不对称带来的影响，并能迅速取得公众的广泛支持，供投资者做出投资策略。这种政府主导的信用评级机构和私人评级机构并行发展，共同为我国信用评级事业贡献力量。

8.2.2 实施层面的建议路径

对于实施层面的建议，主要从以下6个方面进行。

1. 改善知识产权组织结构

科技型企业在经营过程中，应该根据自身的经营性质，完善企业内部的知识产权管理制度，不断改善企业知识产权组织结构，对知识产权进行合理资源配置，降低知识产权的风险，提高企业拥有的知识产权的竞争力，从而增强证券化基础资产的融资能力。这样在对知识产权进行管理的同时，也可以减少盲目投入带来的风险，提高知识产权价值的相对稳定。通过完善知识产权制度，加强知识产权管理，可以降低知识产权纠纷发生的可能性，减少知识产权缺陷，提高企业知识产权竞争力。当企业组合知识产权证券化"资产池"时，提高组合能力，能有效组成风险低而发展稳定的资产池，从自身方面使基础资产的信用评级相对提高，改善投资者对科技型企业高风险、组织机构混乱的看法，提高知识产权的竞争力，获得知识产权证券化带来的融资利益。

2. 开发适合的评级方法

我国信用评级机构要想在国际上站稳脚跟，就必须拥有独立自主的知识产权评级系统方法。国内信用评级机构应加大资金投入，根据我国国情特点采用国内适用的独立完整的评级方法，为抢占国内市场做好技术准备。知识产权证券化作为一种新的融资方式，在未来的资本市场中必然会涉及一定的市场份额。国家信用评级机构可借此机会主动制定适合知识产权证券化的信用评级方法，以促进其发展。

3. 加快国内评级机构的发展速度

为了加快国家信用评级机构的发展，在实践中，一是可以选择几个业务能力较强的国家信用评级机构作为培训中心，支持它们加快发展，在政治上给予他们应有的考虑，并根据工作时间、业务规模、活动范围等给予一定的税收减免，帮助他们提高核心竞争力，以提升中国信用评级机构的整体评级能力。二是要加快发展信用评级人才，从中国选拔一批优秀人才到美国三大机构学习交流，吸收国外评级机构的先进做法，并且可以引进国外优秀人才成长机制。三是顺应信用评级发展趋势，可以创立民族自主的评级品牌，可能在短时间内无法与3个国际信用评级品牌抗衡。但是，只要国家肯支持、市场肯包装和自身肯努力，与其他国家建立信息交流机制，就可以开展跨国的公司信用评级，使我国的信用评级机构主动面向国际，逐步提高我国信用评级机构在国际上的地位。

4. 明确知识产权资产池构建的基本原则

鉴于知识产权的自身风险、法律风险和垄断风险，我们应该建立一定的原则，以便在创建知识产权池时适当地避免或最小化相应的风险。

（1）多样化原则。知识产权证券化成败的一个重要因素是，是否利用多元化的资产组合创造基础资产池，知识产权特别是专利技术的淘汰非常迅速。如果只使用一项专利进行证券化，市场风险将集中。当新技术、替代技术或市场政策发生变化时，一项专利技术可能会失去价值，给投资者造成最终损失。

（2）平衡原则。知识产权池要平衡原始所有人、证券发行人和知识产权投资者的利益，在国家、社会和个人之间寻求平衡，支持社会经济和技术的发展。其中，要更加重视知识产权池创建中的垄断和反垄断问题。

5. 选择恰当的 SPV 模式

SPV 模式的选择，应立足于本国实情如法律框架、证券市场发展等多方面因素进行综合考量。最初发展知识产权证券化的时候，可以采取政府主导的模式推动证券化的发展，等到知识产权证券化的法治环境逐渐成熟，此时知识产权证券化便可以由市场主导来完成。目前，我国的资产证券化还处于初期阶段，国家主要采取试点与立法并行的方式进行资产证券化探索，也可以利用相似的形式进行知识产权证券化的探索。知识产权作为基础资产，其拥有的风险性和操作的困难性更决定了我国现阶段应采用政府主导的信托式 SPV。

6. 培养专业复合型人才

发挥高等学校的作用，为知识产权证券化培养全方位的后备人才，在学术教育、继续教育、职业培训等多层次知识产权商业化领域开展试点，支持知识产权服务机构和国内外知名高校共同培养知识产权商业化专业人才，创造一个熟悉知识产权证券化和善于管理的复合型人才。

结 语

随着多例典型的知识产权证券化实践,标志着我国的知识产权证券化进入"快车道",中国情境下的知识产权证券化将迎来快速发展的契机。知识产权证券化业务的探索和推广,一方面可以打破传统融资模式的局限性,破解科技型中小企业融资困境,全面促进科技成果的转移转化;另一方面有助于引导金融资本向高新技术企业转移,以此加快传统产业结构的转型升级,对中国经济实现高质量发展具有重要的推动作用。结合国外的相关经验以及我国的实践,中国情境下知识产权证券化的模式还需要不断探索和推广。

(1) 资产证券化最常见的模式是以信托机构作为发起人的信托模式,但是目前的案例的发起人都不是信托机构。相比起科技租赁公司、商业保理公司、小额贷款公司而言,以信托机构作为发起人的知识产权证券化的规模可能更大,可实现的融资规模可能更高。如何有效调动信托机构以及其他民营金融机构开展知识产权证券化业务的积极性,是政府有关部门需要考虑的问题。

(2) 现有的 4 种模式下,只有应收账款债权模式的奇艺世纪 ABS 的未来现金流来自供应链核心企业,而其他 3 种模式下的 5 个案例中未来现金流都来自知识产权的原权利人。也就是说,这 5 个案例中,知识产权通过售后回租、二次许可、质押贷款后,使用权都回归到原权利人。国外一些知识产权证券化案例中将知识产权的二次许可范围扩大到其他社会企业,在实现科技型企业融资的同时,提高了知识产权的利用效率,促进了知识产权运用到其他企业,也扩大了未来现金流的范围。中国情境下的知识产权证券化如何扩大二次许可的范围,扩大现金流的来源,是值得探究的问题。另外,供应链金融与知识产权证券化相结合的模式,也是未来可以挖掘的一个重要方向。

(3)目前的6个案例中,都是以核心企业或者经济开发区为基础来遴选入围企业并组建知识产权池,这种方式在一定程度上限制了知识产权池的规模以及组合质量。事实上,我国目前有很多专门提供知识产权运营服务的平台或机构,这些平台机构聚集了数量庞大的知识产权,且拥有一定的专业运营人才。在知识产权证券化的实施过程中,可以与这些平台机构开展广泛的合作,以更专业的人才组建更合理的知识产权组合池,实现更大规模的融资,服务更大范围的科技型中小企业。

参考文献

[1] 袁晓东. 专利信托研究[M]. 北京：知识产权出版社，2010.

[2] 曲立，顾晶晶，王迪，等. 国内外知识产权保护现状及我国知识产权发展对策研究[J]. 中国市场监管研究，2019（08）：75-78.

[3] 国家知识产权局发展研究中心. 2018年中国知识产权发展状况评估报告[R]. 2019.

[4] 国家知识产权局. 2019年中国专利调查报告[R]. 2020.

[5] 曾维新，基芳婷. 典型国家和地区知识产权证券化演进与模式比较研究——基于美日欧的实践经验[J]. 现代商贸工业，2017（23）：107-111.

[6] 钱荣国，夏太寿，王有志. 美国中小企业知识产权融资政策与机制及其启示[J]. 科技管理研究，2013，33（12）：167-171.

[7] 熊春红，肖海. 知识产权证券化的国际借鉴与路径依赖[J]. 改革，2009（08）：102-110.

[8] 陈焕. 鲍伊债券——资产证券化界的"摇滚明星"[J]. 债券，2015（07）：80-82.

[9] 李筱璇. 国际知识产权交易所IPXI停运原因探析[J]. 生产力研究，2015（12）：78-81.

[10] 贲绍华，罗荣华. 知识产权证券化在奇艺世纪的应用分析[J]. 中国市场，

2020（05）：39-40.

[11] 贺琪. 商标资产证券化基础资产转让的法律逻辑[J]. 中华商标，2019（11）：51-55.

[12] 毕莹. 我国商标资产证券化相关法律问题浅析[J]. 黑河学刊，2019（02）：100-102.

[13] 鲍新中. 知识产权融资：模式、障碍与政策支持[J]. 科技管理研究，2019，39（04）：136-141.

[14] 吴鼎. 知识产权证券化 SPV 设置的法律障碍[J]. 山西省政法管理干部学院学报，2016，29（03）：53-56.

[15] 秦琴. 科技型企业知识产权证券化融资的困境及调适[J]. 重庆邮电大学学报：社会科学版，2015，27（04）：16-20，66.

[16] 马捷. 我国知识产权证券化研究[D]. 成都：四川省社会科学院，2015.

[17] 王晓东. 知识产权证券化进程中我国信用评级体系的发展路径研究[J]. 征信，2012，30（06）：37-39.

[18] 徐凤霞. 知识产权证券化项目的评价[D]. 重庆：重庆交通大学，2012.

[19] 樊丽琴. 知识产权证券化的几个关键问题[J]. 中国商界（下半月），2008（05）：165.

[20] 君泽君律师事务所. 君泽君助力浦东科创 1 期知识产权资产支持专项计(疫情防控 ABS)成功发行[EB/OL]. http://www.junzejun.com/News/12235984c15aa0-c.html，2020-03-12.

[21] 澎湃新闻. 国内首单知识产权暨疫情防控资产证券化项目在沪发行[EB/OL]. https://baijiahao.baidu.com/s?id=1660137467298083290&wfr=spider&for=pc，2020-03-03.

[22] 深圳市南山区人民政府. 全国首支服务"战疫"知识产权证券化产品发行[EB/OL]. http://www.szns.gov.cn/ztzl/kjxgfynszxd/ywjj/content/post_7267688.html，2020-03-26.

[23] 雪球网. 3.3%！全国首单知识产权疫情防控 ABS 成功发行[EB/OL]. https://

xueqiu.com/1978747707/145361548, 2020 – 03 – 27.

[24] 新浪财经. 国金 ABS 云早报｜深圳首单疫情防控专项知识产权 ABS 成功发行［EB/OL］.https://baijiahao.baidu.com/s?id=1662276195418673045&wfr=spider&for=pc, 2020 – 03 – 27.